T0283077

¡No tengo los códigos!

Christel Petitcollin

¡No tengo los códigos!

Comprender por fin el mundo que nos rodea

EDICIONES OBELISCO

Si este libro le ha interesado y desea que le mantengamos informado de nuestras publicaciones, escríbanos indicándonos qué temas son de su interés (Astrología, Autoayuda, Ciencias Ocultas, Artes Marciales, Naturismo, Espiritualidad, Tradición…) y gustosamente le complaceremos.

Puede consultar nuestro catálogo en www.edicionesobelisco.com

Colección Psicología
¡No tengo los códigos!
Christel Petitcollin

1.ª edición: julio de 2022

Título original: *J'ai pas les codes!*

Traducción: *Susana Cantero*
Corrección: *TsEdi, Teleservicios Editoriales, S. L.*
Diseño de cubierta: *Enrique Iborra*

© 2021, Éditions Albin Michel
(Reservados todos los derechos)
© 2022, Ediciones Obelisco, S. L.
(Reservados los derechos para la presente edición)

Edita: Ediciones Obelisco, S. L.
Collita, 23-25. Pol. Ind. Molí de la Bastida
08191 Rubí - Barcelona - España
Tel. 93 309 85 25
E-mail: info@edicionesobelisco.com

ISBN: 978-84-9111-893-0
Depósito Legal: B-9.935-2022

Impreso en los talleres gráficos de Romanyà/Valls S. A.
Verdaguer, 1 - 08786 Capellades - Barcelona

Printed in Spain

Reservados todos los derechos. Ninguna parte de esta publicación, incluido el diseño de la cubierta, puede ser reproducida, almacenada, transmitida o utilizada en manera alguna por ningún medio, ya sea electrónico, químico, mecánico, óptico, de grabación o electrográfico, sin el previo consentimiento por escrito del editor. Diríjase a CEDRO (Centro Español de Derechos Reprográficos, www.cedro.org) si necesita fotocopiar o escanear algún fragmento de esta obra.

PREÁMBULO

Mis queridísimos lectores:

Hace algún tiempo, recurrí a vosotros publicando este post en mis redes sociales:

«Queridos lectores, os necesito para mi próximo estudio:

Si alguien pudiera explicaros cómo funciona el mundo normopensante, ¿qué os gustaría comprender por fin? Gracias por contestarme por mensaje privado».

Habéis sido muy numerosos los que os habéis manifestado y vuestros mensajes han sido muy constructivos. Os expreso un inmenso agradecimiento y espero, a cambio, que este libro responda plenamente a vuestras expectativas, que conteste a vuestras preguntas y quizá también que os lleve allí donde no os esperabais.

Os deseo una buena lectura.

AVISO A LOS LECTORES «PICOTEADORES DE CONTENIDO»

Este libro lo he concebido siguiendo un recorrido lógico y progresivo para que podáis conectar fácilmente con los datos que contiene e integrarlos, y para que vuestras tomas de conciencia puedan realizarse suavemente y en profundidad. Para asimilarlo bien, ¡hay que leerlo en el orden en el que lo he escrito!

INTRODUCCIÓN

«A veces me topo con tal incomprensión por parte de mis contemporáneos que me atenaza una duda espantosa: ¿de verdad soy de este planeta? Y si la respuesta fuera sí, ¿no demostraría eso que ellos son de otro sitio?».

Pierre Desproges

Hace ahora unos quince años, al hilo de las sesiones de *coaching*, iba descubriendo entre mi clientela una población que se quejaba de «pensar demasiado». Estas personas tenían muchos puntos en común: eran hipersensibles, creativas, inconformistas y torpes en sus relaciones sociales. Pensaban de sí mismas que eran empáticas, voluntariosas y afectuosas, pero muchas veces se las consideraba demasiado afectivas, invasivas y provocadoras. Con regularidad se las trataba de «osos amorosos», dado que su amabilidad se tomaba por bobería y su hipersensibilidad por fragilidad. Cuando empecé a descifrar mejor su perfil, deliberadamente rechacé los términos de «superdotado» y de «alto potencial» que a partir de entonces se han generalizado en la literatura sobre el tema. A mí me parecía que eso los connotaba demasiado como «superiormente inteligentes». Mi clientela tampoco se reconocía en esos apelativos. La inteligencia no pasa de ser un aspecto anecdótico de ese perfil que cada vez se va revelando más como algo simplemente ligado a particularidades neurológicas: una hiperestesia[1] combinada con un pensamiento complejo de tipo arborescente. Hoy día, gracias a un movimiento emergente en Canadá que aboga por la «neurodiversidad», han aparecido los términos de «neurotípico» y de «neuroatípico», que espero que se generalicen en sustitución de los vocablos «superdotado» y... ¿qué? ¿Infradotado? Precisamente para evitar ese escollo implícitamente inducido por la palabra «superdotado», he creado los términos «so-

---

1. La hiperestesia es el hecho de tener un sistema sensorial hiperdesarrollado.

9

breeficiente» y «normopensante», que por supuesto son los que voy utilizar a partir de ahora. Para mí no hay ningún juicio de valor en estos apelativos. «Sobreeficiente» quiere decir que a uno le bulle algo en el cerebro. La palabra «normopensante» tan sólo expresa el hecho de que la persona tiene una manera de pensar que entra dentro de la norma. En cambio, está claro que los sobreeficientes no entran ni caben en esa norma. ¡Desbordan por todas partes!

Todos los sobreeficientes se quejan de no dominar los códigos sociales y de no captar los sobreentendidos. Suelen sentir una incomodidad, un malestar, un desfase en sus relaciones con los demás sin saber a qué atribuirlo. Perciben claramente que meten la pata, que molestan, que exasperan… Es agotador y descorazonador.

Cuando mencioné la idea de escribir este manual de desencriptación de los códigos normopensantes, muchos de vosotros juntasteis las manos y me suplicasteis que me aplicara a ello. Más tarde, a medida que mis pistas de reflexión iban tomando forma y yo os las iba exponiendo, os brillaban los ojos de placer y de curiosidad y concluíais: «¡Oh, qué ganas tengo de conocer la continuación!». Así que, una vez más, si vuelvo a tomar la pluma es sostenida por vuestro entusiasmo.

Cuando escribí *Pienso demasiado*, la idea que yo tenía era proporcionar unas instrucciones de uso sencillas y concretas para este cerebro complejo y deslumbrante, destinadas tanto a sus propietarios como a su entorno. Así pues, escribí tanto para los sobreeficientes como para los normopensantes. Yo creía que a todo el mundo le alegraría disponer por fin de una explicación sencilla y racional para ese funcionamiento atípico. Ingenua de mí, pensaba que los neurotípicos estarían encantados de poder comprender por fin a esa gente rara y emotiva, y de convertirlos en aliados suyos apoyándose en sus particularidades. Poco tardé en desengañarme.

Unos días después de la publicación del libro, recibía el primer mensaje que me indicaba que no iba a ser así. Un lector me contaba la mala acogida que le dispensaban los normopensantes cuando él abordaba el tema. Posteriormente, el fenómeno se confirmó. Numerosos lectores recomendaron insistentemente a su cónyuge o a sus padres que abrieran mi libro, pero en vano. El libro se quedó cogiendo polvo en la mesilla de noche. En cuanto el sobreeficiente volvía a la carga («¿Te has leído el libro ya?»), el cónyuge o el progenitor normopensante eludía la pregunta y cambiaba de tema.

Pocos son los normopensantes que han leído *Pienso demasiado*. Lo han hecho ante todo por amor hacia su hijo o hacia su cónyuge, y finalmente comprendieron que su querido Zabulón no hacía aposta eso de ser sensible, emotivo, ansioso, disperso... Y, sobre todo, se enteraron de que un sobreeficiente no puede cambiar su naturaleza profunda. De ello resultó lo que yo esperaba para todos: una comprensión y una aceptación recíprocas que generaron sosiego y reforzaron el vínculo, la complicidad y el amor que se tenían unos a otros. Incluso algunos vivieron la reavivación de una llama apagada después de treinta años de una vida conyugal a la que su incomprensión recíproca había llenado de tempestades. ¡Qué hermosos eran en su complementariedad recuperada! Estos pocos testimonios me demostraron que no me había equivocado respecto al posible impacto de ese libro.

Mi error fue creer que para los normopensantes pudiera ser una prioridad la comprensión de los atípicos. Este error lo comparten ampliamente los sobreeficientes. Sueñan con que por fin los neurotípicos los comprendan a ellos, en vano en una mayoría de casos. Despliegan una considerable energía en intentar explicar quiénes son, cómo funcionan, y lo que provocan es que les caiga un jarro de agua fría de: «Pero ¡que ese libro es una maniobra comercial, y nada más! Te dice lo que quieres oír. Todo el mundo puede reconocerse en él». Lo cual es totalmente falso, pero cierra eficazmente el debate y siembra la duda en la cabeza del sobreeficiente, que ya no sabe qué pensar.

En la misma línea, he recibido recientemente este correo de Simon:[2]

«Buenos días:

Su libro *Pienso demasiado* me ha ayudado mucho para comprender mis problemas. Gracias por su enfoque tan positivo. Quisiera pedirle un favor: estaría encantado de proponerles a mis contactos el mismo libro, pero escrito para los "normopensantes", del tipo "La persona que tienes enfrente piensa demasiado"... Por supuesto, el contenido ten-

---

2. Respeto la grafía de los nombres franceses, aunque algunos resulten incorrectos en castellano. *(N. de la T.)*

dría que estar al alcance de ellos, pero sé que usted es capaz de eso (hay que evitar que suelten el libro a la segunda página…). Espero no haberla importunado mucho con mi carta a Papá Noel. Gracias otra vez y que vaya bien la continuación.

Simon».

Encuentro muchos de vuestros pensamientos en el mail de Simon:

- El deseo de que os comprendan los demás.
- La presunción de que no va a ser nada fácil que los normopensantes den ese paso.
- La conciencia de que hay muchas probabilidades de que «suelten el libro a la segunda página».
- La ingenuidad de creer que bastaría con poner la información a su alcance.
- Y, a pesar de todo, la intuición de que vuestra esperanza es tan utópica como una carta a Papá Noel.

Mi respuesta al mail de Simon también os afecta:

«Querido Simon:

Gracias por su mensaje. ¡Lo que sí es creer en Papá Noel es imaginarse, como hace usted, que a los normopensantes podría interesarles la comprensión de los sobreeficientes! No sueltan el libro a la segunda página: es que ni lo abren. Su lema es: "Es el individuo el que tiene que adaptarse a la sociedad, no la sociedad adaptarse a los individuos. Tú vuelve a la fila y todo te irá bien".

Por eso prefiero escribir un libro que les explique a los sobreeficientes los valores y el funcionamiento del mundo normopensante, mejor que a la inversa. Ya conoce usted los célebres "No tengo los códigos" y "Meto la pata". Me divierte bastante escribirlo. ¡No estoy segura de que les complazca a los sobreeficientes, pero sí tengo la certeza de que les será útil!».

Estos últimos años os he desvelado en mis libros mis reflexiones y mis descubrimientos a medida que los iba haciendo. Como una ojeadora, una exploradora, una hermana mayor que caminaba unos pasos por delante de vosotros por el sendero que iba desbrozando y transmitía la información sobre la marcha. Así que ya habéis descubierto pistas de comprensión del mundo normopensante en mis trabajos precedentes. Acostumbrada a veros hacer conexiones fulgurantes entre las diversas informaciones desde el mismo momento en que llegan a vosotros, pensaba que esa comprensión nueva de las situaciones bastaría para permitir que os adaptarais, en particular en el mundo laboral. Pensaba que mis lectores podrían aprender a tener en cuenta esas diferencias y que dejarían de meter la pata. Pero la experiencia me ha demostrado que no, que comprender el funcionamiento del otro tampoco es algo sencillo para vosotros. Finalmente, los sobreeficientes están tan presos de su sistema de pensamiento como los normopensantes del suyo, y cometen exactamente el mismo error: aplican sus propios criterios a una población que piensa, reflexiona y actúa según un paradigma diferente.

A día de hoy, mi razonamiento es el siguiente: los libros que intentan hacer comprender a los normopensantes el funcionamiento de los atípicos se han multiplicado casi en vano, aunque se pueda apreciar una ligera mejora en la escuela y en las empresas. Me mantengo muy prudente y espero a ver la continuación: ¿real y sinceramente les apetece a las empresas enriquecerse con las diferencias, o simplemente están haciendo comunicación cuando afirman estar abiertas a esas evoluciones? El futuro lo dirá. Pero ¿son sólo los neurotípicos quienes tienen que hacer el esfuerzo de comprenderos a vosotros? La petición de Simon y la literatura sobre el tema van en ese sentido e insisten: comprender al atípico, comprender al superdotado, comprender al hipersensible… En PNL[3] se dice: «Si lo que haces no funciona, cambia. Haz otra cosa». Efectivamente, cuando lo que hacemos no funciona, seguir haciendo más de lo mismo es una idiotez.

Así que yo he seguido el razonamiento siguiente: objetivamente, los que más sufren esta incomprensión recíproca son los sobreeficientes, quienes, además, son minoritarios. Así que una vez más les corresponde a ellos hacer el esfuerzo de comprender. Para mí, cambiar de enfoque es tomar el problema en el otro sentido y explicaros a vosotros, que

---

3. Programación neurolingüística.

sois buscadores de soluciones, los códigos del mundo normopensante y los sobreentendidos que no pilláis (que los normopensantes jamás podrán verbalizar, porque para ellos son evidencias), y explicaros el origen de vuestras meteduras de pata.

La cultura normopensante tiene sus códigos, pero también su lógica y su sistema de valores. Como todas las culturas, esta cultura tiene sus fortalezas y sus debilidades, sus mitos fundadores –inamovibles–, una forma de sabiduría y también sus límites y sus absurdeces. Los sobreeficientes muchas veces sufren ofensas del mundo normopensante, incluso se indignan contra él, en todo caso con la parte que emerge del iceberg que de él logran percibir. Conocer y comprender esos códigos no significa aprobarlos o adoptarlos, pero sí permite navegar con discernimiento por el mundo neurotópico sin encallar regularmente en los arrecifes de la incomprensión. Esto también permite enriquecerse con nuevas posibilidades de pensar, de tomar lo bueno y soltar el resto. Ciertos aspectos del mundo normopensante merecen realmente que los adoptemos. Y si se da el caso de que no os gusten ciertas cosas cuyo descubrimiento os propongo, eso os dará una idea más clara de lo que os gustaría ver cambiar en el mundo actual.

Yo soy sobreeficiente. Lamento no habéroslo dicho claramente ya en la escritura de *Pienso demasiado*. Quería mantenerme neutra y no pensaba que eso tendría tanta importancia en la continuación de la aventura. Yo creía que para mis lectores sería evidente que, para comprenderlos así de bien, forzosamente tenía yo que tener el mismo funcionamiento. Cuando escribí: «No se puede meter un embudo en una tubería», para mí la alusión era cristalina: para contener un embudo hace falta un embudo. Para algunos, sí, fue una evidencia el que, para comprenderos tan bien, yo no podía sino formar parte de la familia de los sobreeficientes, pero para otros, en absoluto. Y no me lo esperaba. Al contrario, me escribisteis que «para ser una normopensante», había hecho un trabajo notable. Vuestra inmerecida fascinación me incomodó profundamente, pero hasta mucho más tarde no me di cuenta de la extensión de mi involuntaria estafa: mi pseudoneutralidad os hizo creer, al igual que a Simon, que una normopensante podía comprenderos total y plenamente. Por desgracia, hoy sé que no hay nada de eso. Tendréis toda la lectura de este libro para comprender por qué escribo esto.

Así pues, siendo yo también sobreeficiente, al principio no poseía yo tampoco los códigos y los sobreentendidos que ahora os voy a exponer. ¡Tampoco estoy segura de haberlo comprendido todo! Pero no creo que los normopensantes os puedan explicar mucho mejor lo que para ellos es evidente o totalmente inconsciente. Una vez más, he salido como ojeadora. Esta búsqueda de comprensión ha sido un inmenso placer, una verdadera búsqueda del tesoro. He ido de sorpresa en sorpresa. Me reía de antemano de la jugada que os iba a hacer al provocar en vosotros tomas de conciencia iguales a las que a mí me saltaban bruscamente a los ojos. Llené mi cesta de sabrosas informaciones. Según mi costumbre, hoy comparto con vosotros todo lo que he podido observar, comprender, deducir y sintetizar. He reunido y estructurado todos los descubrimientos que he hecho en forma de un sistema de pensamiento coherente, que me parece representar bien la lógica neurotípica.

En PNL se considera que comunicarse es reunirse con el otro en el modelo del mundo que él tiene.

Esto es lo que os propongo que hagamos ahora. Así pues, emprendamos el viaje hacia el planeta normopensante.

Capítulo 1

Las conversaciones de salón

Cuando realicé mi pequeño sondeo acerca de lo que os gustaría comprender del mundo neurotípico, una petición desplazó ampliamente a todas las demás: ¡comprender por fin por qué son tan aburridas las conversaciones corrientes!

Me dijisteis que lo que más os exasperaba y más incomprensible os parecía era el tiempo perdido en parloteos insípidos, en conversaciones huecas, en abordar temas aburridos. Esas conversaciones estériles y estereotipadas sobre cosas anodinas os resultan insoportables. Me decís: «Yo no sé hablar para no decir nada. Me aburro; en medio de ese cacareo me entran ganas de gritar». Así que me pareció pertinente iniciar nuestro viaje al mundo normopensante por este aspecto de la comunicación.

Los epítetos que más utilizáis para calificar esas conversaciones vacías son: aburridas, fastidiosas, cansinas, monótonas, fútiles, huecas y, sobre todo, ¡insoportables! Os propongo que aprendáis a verlas como tranquilas, apacibles, aportadoras de seguridad y descanso y, sobre todo... ¡inofensivas! De hecho, hablar de todo y de nada manteniéndose en la superficie ahorra muchos contratiempos. Aquí tenéis, pues, las principales ventajas de quedarse en las banalidades.

Antes que nada, evitar las disputas

En una cena entre amigos, uno de los invitados, habitualmente adorable pero algo achispado aquella noche, se puso bruscamente a denigrar a un cantante famoso que, aun siendo muy rico, todavía encontraba el modo de «sacarse un dinero» estrenando una canción llena de buenos sentimientos. Según él, proponer semejante almíbar oportunista era burlarse de su público. Estúpidamente, visto el nivel de alcoholización de mi interlocutor, empecé a debatir con él sobre el hecho de que ése es efectivamente el objetivo de las canciones: provocar emociones hermosas. Él seguía empeñado: era una operación comercial y nada más. Cuanto más argumentaba yo, más nervioso se ponía él. Nuestro anfitrión intervino discretamente. Hizo una broma y hábilmente cambió de tema. Mi adversario se calmó de inmediato, mientras yo no había sabido más que irritarlo. Me aprendí muy bien la lección: tener razón no sirve para nada.

Imaginad que proponéis iniciar un debate sobre un tema de cierta importancia: la educación, la política, el clima, la distribución de la riqueza… ¿Tenéis idea de lo que eso va a generar? Todos tenemos una opinión personal, mucho más emocional que racional, sobre esos temas. Yo no me apeo de mi opinión, por supuesto, porque es la mía. ¡Pero los demás tampoco se apean de su opinión! Por eso mismo, en unas cuantas réplicas, obtendréis un pugilato. ¿Creéis realmente que nos podemos convencer unos a otros? Si la respuesta es sí, os equivocáis: ciertos investigadores han demostrado que cualquier contrapropaganda refuerza a la persona en su creencia inicial.[4] ¿Para qué sirve debatir, si no es para electrizar el ambiente y para estropear el vínculo entre las personas? Así que mejor quedarse en la superficie y evitar los temas controvertidos. ¡Después de todo, no es mentira que ese cantante famoso debió de sacarse mucho dinero con ese título empalagoso!

Por otro lado, seguro que sois vosotros los primeros en ofuscaros con la violencia de los debates en la Red. Publicando solamente gatitos y otras «monadas», uno puede ser capaz de conseguir la unanimidad en su página y no herir a nadie. Ése es exactamente el espíritu de las conversaciones neutras.

---

4. Beauvois, Jean-Léon; Joule, Robert-Vincent, *Petit traité de manipulation à l'usage des honnêtes gens*, P.U.G., 2014.

No arruinar el ambiente

Como a los sobreeficientes no les gustan las conversaciones anodinas, tienen tendencia a poner sobre el tapete temas «importantísimos», por aquello de abrir un debate «de verdad» sobre el final de la vida, la ecología o la corrupción de las élites... El ambiente de la velada cambiará rápidamente. Para los que simplemente habían ido a relajarse a una barbacoa, ese tipo de energúmenos son una plaga.

Cuando me preguntan a qué me dedico, si contesto con sinceridad, arruino el ambiente para toda la velada: ya no se hablará más que de los manipuladores y de las faenas que les hacen a los unos y a los otros. Me pasaré la velada dando consultas gratuitas a todos los invitados, porque todos conocemos por lo menos a un manipulador que nos tiene amargada la vida: ¡una velada de trabajo más! Tardé mucho en comprenderlo. Así que ahora eludo la pregunta: «¡Oh, esta noche no me apetece hablar de trabajo! ¡Estamos aquí para relajarnos!», y me apresuro a cambiar de tema... Una amiga contable me dice: «¡Pues tú di que eres contable y ya está! Ya verás lo eficaz que es para cerrar el debate». Todavía no lo he probado.

Huir del contagio emocional

He sido durante varios años formadora para una red de directivos. Iba por toda Francia a impartir talleres de formación para grupos ya constituidos, que se conocían bien y se entendían bien. Me gustaba mucho el ambiente de las jornadas de curso con aquellos *managers*. Ciertamente, tenían valores comunes —en especial el *management* humanista— e individualmente eran buenas personas, pero la cálida concordia de aquellos grupos estaba fuera de la norma. Los observé y escuché particularmente durante los descansos del café, esperando descubrir la composición de su argamasa relacional. Las conversaciones se me antojaban anodinas, banales y amistosas. ¡Qué misterio! Un día, un grupo que a mí me parecía particularmente cohesionado, pidió a una participante noticias de su implicación política. El domingo anterior se habían celebrado elecciones municipales. Ella les anunció que la habían derrotado y empezó a contar hasta qué punto la campaña electoral de su competidor se había basado en su denigración con sordidez. Era evidente que había vivido algo violentísimo y que tenía el corazón encogido. Todavía estaba del revés. No obstante, el grupo comentó el acontecimiento con despreocupación, le deseó que lo lograra la próxima vez y pasó rápidamente a otro tema. Yo vi a aquella participante hacer un gran esfuerzo sobre sí misma, tragarse las lágrimas que le asomaban y regresar poco después a la conversación general sin explayarse sobre su situación personal.

En aquel momento, el grupo me pareció cruel y aquella participante abandonada a su suerte. ¡Supongo que a vosotros también! Si hubierais estado allí, le habríais hecho corro a aquella mujer herida, la habríais incitado a abrirse a vosotros, a verbalizar su aflicción, la habríais consolado y reconfortado y algunos de vosotros habríais criticado con ardor a ese adversario sin delicadeza… Pero ése no era el lugar, hacer eso habría arruinado el ambiente para toda la jornada. Lo comprendí más tarde. Lo que también constituía la fuerza de esos grupos era el no saturarlos con las cuitas personales de cada uno y dejar los problemas profesionales para los espacios «de taller de resolución» que se habían organizado ellos mismos. De hecho, todos estaban muy alerta para mantener el ambiente sereno, alegre y distendido.

En su magnífica canción *La Vie d'artiste*, Christophe Maé canta:

> *La vida es un escenario, así que yo sigo con la farsa.*
> *Digo que todo va sobre ruedas a pesar de los obstáculos.*
> *Mamá me decía: no te desahogues demasiado, hijo.*
> *No llorar es dar muestras de tacto.*
> *Así que uno sonríe para dejar de estar triste.*
> *Nos podemos disfrazar, todos somos artistas…*

Por otro lado, en el mismo registro, la pregunta «¿Qué tal?» es uno de los puntos de tropiezo entre normopensantes y sobreeficientes: los sobreeficientes reprochan a los normopensantes que pregunten: «¿Qué tal?» y no sean capaces de oír la respuesta si las cosas no van bien. Efectivamente, como canta Christophe Maé, hay que comprender que no es una pregunta de verdad. Es un recurso estilístico. Sirve simplemente para iniciar una conversación, porque no nos dirigimos unos a otros de manera brutal y frontal. No, no es hipocresía, es simple educación. Y la cortesía exige que contestemos, a nuestra vez, «¡Bien, gracias!» y no aprovechemos la ocasión para desplegar cada uno nuestra vida, porque cada uno tiene sus problemas y no debe cargar al otro con sus cuitas personales.

La madre de Christophe Maé tiene razón: no desahogarse, contener las lágrimas, es una demostración de tacto. Así que, cuando os pregunten «¿Qué tal?», utilizad esa pregunta como una fórmula mágica que os enciende la bombilla: «Éste es el momento de enderezarme, respirar hondo, dejar a un lado mis estados anímicos y entrar a la conversación ofreciendo mi benévola neutralidad».

Uno de los medios que utilizaban aquellos grupos de formación de *managers* para purgar sus emociones era iniciar la jornada con un «parte meteorológico emocional», y cada uno tenía tiempo para decir: «Yo hoy, Sol, nubes, niebla o grandes relámpagos, porque…» en unas cuantas palabras, con el fin de dejar ahí sus humores y después poder pasar a otra cosa. El parte meteorológico emocional es una herramienta muy poderosa que se puede utilizar ya desde el parvulario y que funciona igual de bien en el mundo profesional. El contagio emocional[5] de un grupo es tan dañino en negativo –pesadumbre, miedo, incluso pánico colectivo o ira que conduce a sublevaciones– como en positivo –euforia o alborozo–, y puede provocar movimientos de masa incontrolados: desplome de tribunas, pisoteo de gente atascada debajo de un puente o, peor, una muchedumbre fanatizada gritando «¡Heil!» mientras estira el brazo. Así que evitemos contaminarnos unos de otros con nuestros estados anímicos. «¿Qué tal? ¡Muy bien, gracias! ¿Y tú? Igual».

Todos tenemos problemas

Es la historia de un hombre que se está cayendo de un rascacielos. Al pasar a la altura del décimo piso, el hombre se dice: «Bueno, ¡uf! Hasta aquí, todo va bien». A cada instante, haciéndonos la pregunta de saber

---

5. HAAG, Christophe, *La Contagion émotionnelle,* Albin Michel, 2019.

qué tal estamos, podemos con la misma objetividad considerar que estamos bien si nos concentramos en los aspectos positivos de nuestra vida (y siempre los hay), o considerar que las cosas nos van fatal si nos focalizamos en contratiempos pasajeros y en nuestro estado emocional del momento. A mí me parece que los neurotípicos tienen suficiente sabiduría y perspectiva como para saber que los contratiempos y las alegrías son cosas que van y vienen, y que nada perdura, incluso cuando nos va bien. La famosa vía del justo medio, preconizada por el budismo, consiste en acoger los gozos y los pesares con distancia y discernimiento: «¿Qué quedará de todo esto dentro de ciento cincuenta años?», cantaba Raphael. ¿Qué quedará mañana de todo lo que hoy me perturba o me entusiasma?

Así pues, hay una auténtica filosofía detrás de ese mecanismo que consiste en callar uno sus problemas en sociedad y hablar de otra cosa. Partamos del principio de que todos tenemos nuestras cuitas y de que no merece la pena cargar al otro con ellas. Él también tiene sus propios problemas que manejar y nos hace el regalo de no agobiarnos con ellos. Así, cada miembro del grupo es corresponsable del estado emocional del grupo entero.

Comprended ahora que si lleváis al grupo vuestras emociones, le imponéis el tono. He aquí por qué los normopensantes os consideran unos aguafiestas. Así, evitar hablar de nuestros problemas es un regalo que les hacemos a los demás. Evitar contaminarlos emocionalmente; incluso, también, con nuestra euforia del momento.

No enamorarse de forma inesperada

¿Sabéis que todos podemos enamorarnos unos de otros en 45 minutos haciéndonos solamente 36 preguntas? Éste fue el descubrimiento realizado en 1997 por el profesor Arthur Aron, investigador en psicología. En su universidad estadounidense, trabajaba sobre la intimidad y buscaba cómo hacerla emerger entre dos personas que no se conocían. Para ello, elaboró un ejercicio cuyos resultados rebasaron ampliamente sus expectativas. Las parejas de cobayas se enamoraron casi sistemáticamente. Por supuesto, algunos van a husmear en los datos de la experiencia: el cuestionario solamente haría que se enamoraran aquellos que ya se habían elegido de forma mutua, conscientemente o no, y aún quedaría camino por hacer para que el deseo se transformase en sentimiento. Ciertamente. No obstante, la eficacia de este cuestionario es innegable. Crea calor humano entre las dos personas implicadas e incluso puede utilizarse para reavivar una llama vacilante o para reforzar vínculos de amistad. ¿En qué mecanismos reposa? En la creación de un espacio de intimidad en el que cada uno puede interesarse sinceramente por el otro y expresarse con toda autenticidad. Las preguntas llevan a uno a evocar su infancia, a sus padres, sus logros, sus miedos, sus fallas narcisistas, sus valores, pero también a participar en el refuerzo narcisista del otro: decir lo que nos gusta de él, los puntos comunes que encontramos entre ambos…

Mandy Catron sacó de esto un libro: *Comment tomber amoureux d'un parfait inconnu.*[6] Cuenta en él que este cuestionario le permitió enamorarse de un compañero al que apenas conocía. Reconocía que el contenido de las preguntas no es lo más importante y que muchas de ellas se podrían sustituir por otras. Pero lo que sigue siendo fundamental es que esas preguntas permiten entrar en un proceso de desvelamiento recíproco de uno mismo. Ahora bien, esta manera de comunicarse, interesándose sinceramente por el otro, y de desvelarse íntimamente es una de vuestras especialidades. He ahí por qué indisponéis a todo el mundo. Sabed que muchos de vuestros interlocutores creen que estáis ligando con ellos. ¡Imaginad que en cada barbacoa entre vecinos, los convidados se enamoren unos de otros a la mínima conversación! La etapa de después sería la guerra entre los cónyuges cornudos… o una tremenda orgía. Una vez más, pues, es mucho más razonable hablar del tiempo, del último partido de fútbol, de los méritos comparativos de las marcas de coches o de mi receta de tarta de fresa (sin dar tampoco demasiada información de mi receta, ¡no exageremos!).

---

6. Catron, Mandy, *Comment tomber amoureux d'un parfait inconnu*, Massot Éditions, 2019.

La función social del cotilleo

«El hombre es el único animal dotado de palabra. Aprovechando esta ventaja, ha aprendido a hablar para no decir nada. No se calla la boca salvo en una única circunstancia: ante la injusticia».

FRÉDÉRIC DARD

A partir de su «revolución cognitiva» de la que os hablaré más adelante, el *Sapiens* adquirió un lenguaje cada vez más sofisticado a medida que se iban desarrollando sus capacidades de abstracción. Así fue, pues, como pudo acceder a la charla y al cotilleo, que poco a poco fueron cumpliendo la función que tenía el despioje entre los monos: la de crear un vínculo social. Un grupo típico de chimpancés cuenta entre veinte y cincuenta individuos. Muy excepcionalmente se han observado grupos que alcanzan el centenar de individuos. En cuanto la población aumenta demasiado, el grupo se escinde: se crea una pandilla aparte. Ésta se convierte en un nuevo grupo y se aleja del primero. La conversación ayudó al *Sapiens* a crear grupos más grandes y más estables. La investigación en sociología demuestra que el cotilleo por sí solo puede bastar para cohesionar grupos humanos de hasta unas ciento cincuenta personas. Más allá de esta cifra, el cotilleo y la confraternidad ya no bastan para garantizar la cohesión del grupo. Hay que añadirles un líder, un proyecto, un relato… Pero ciento cincuenta personas ¡son ya un buen grupo! El cotilleo participa, pues, en gran medida en la cohesión y en la cooperación, excepcionales, de los *Sapiens*. Daniel Tammet, autista asperger y autor del libro *Embrasser le ciel immense,*[7] ha observado que el cotilleo contenía apenas un 10 % de maledicencia en un 90 % del tiempo pasado hablando unos de otros: «A mi suegra la han operado de la vesícula… Mi primo se ha comprado un coche, está muy contento con él. El hijo de la vecina tiene una novia nueva…». Esta charla que os resulta insoportable es un dulce balbuceo infantil que permite crear vínculos de manera inofensiva y segura. La astucia está en no demorarse en ningún tema y en ir deslizándose de uno a otro en un hábil fundido encadenado. Si miramos más de cerca, de todos

---

7. TAMMET, Daniel, *Embrasser le ciel immense,* J'ai lu, 2010.

modos, todo el mundo habla para no decir nada, incluso los sobreeficientes. Adeptos a las conversaciones profundas, les gusta rehacer el mundo y barajar conceptos que consideran más filosóficos, pero son igualmente virtuales. Seamos sinceros: aunque consistan en abordar los «grandes problemas de la vida», estas conversaciones tampoco nos llevan más allá.

En cuanto a las conversaciones íntimas de corazón a corazón, os pueden poner en peligro. Peligro de haceros demasiado cercanos, ya lo hemos visto más arriba, pero también peligro de desvelaros en exceso en un contexto en el que esto no puede sino jugar en vuestra contra. ¿Cuántas veces habéis tenido la impresión de hablar de más sobre vosotros mismos?

Las conversaciones «pasatiempo» en análisis transaccional (AT)

El psiquiatra estadounidense Éric Berne, fundador del método del análisis transaccional, tituló uno de sus libros como *Que dites-vous après avoir dit bonjour?*[8] En él desarrolla uno de los conceptos principales del AT, la noción de *stroke*, que significa «contacto», «golpe» o «caricia», y que en francés se ha traducido por «signo de reconocimiento». Podríamos definir ese «signo de reconocimiento» como el átomo más pequeño de contacto humano del que todos tenemos necesidad para sentir que existimos. Lo han demostrado numerosos estudios: sin ningún signo de reconocimiento, el ser humano se marchita, se vuelve loco y se sume en una nada más aterradora que la muerte.[9] Por eso mismo, las personas organizan inconscientemente sus jornadas para ir espigando en ellas el cupo de signos de reconocimiento que necesitan para sentirse vivas.

---

8. BERNE, Éric, *Que dites-vous après avoir dit bonjour?*, Tchou, 1977.
9. Para comprender bien este concepto, podéis leer *Le conte chaud et doux des chaudoudoux*, de Claude Steiner (InterÉditions, 2018). Aunque de apariencia infantil, este cuento explica todo el mecanismo de la gestión de los signos de reconocimiento.

Éric Berne define niveles de intensidad de esas estimulaciones, desde la «retracción» a «la intimidad», pasando por diferentes estadios de irradiación. Es algo así como si los signos de reconocimiento fueran más o menos alimenticios en función de los contextos en los que se distribuyen.

La retracción: Partiendo de cero, la retracción permite, justamente, evitar que recibamos signos de reconocimiento. Es más bien un espacio de soledad en el que uno puede clasificar y «digerir» los signos de reconocimiento que ha cosechado recientemente o protegerse de los signos de reconocimiento negativos y destructores.

Los rituales: Son las pequeñas citas personales (mi taza amarilla del desayuno) que funcionan como un servicio «mínimo-vital». Cuanto más solos estamos, más llenaremos nuestra vida de rituales. Esto puede incluso volverse problemático: cuando hemos tenido que rellenar mucho nuestra vida de rituales para sobrevivir, un encuentro humano, aun siendo más nutritivo, amenaza ese frágil equilibrio. Los fisioterapeutas os lo dirán: a ciertos retraídos aislados les cuesta mucho trabajo añadir una reeducación en su *planning*, muy vacío en apariencia pero repleto de rituales. Igualmente, los rituales colectivos (los saludos, por ejemplo) permiten intercambiar un mínimo de reconocimiento recíproco. El mensaje es: «No eres transparente, no eres un mueble». Incluso saludar a una persona de lejos con un signo de la mano basta para hacer que se sienta viva. ¡Saludad todas las veces que podáis!

Los pasatiempos: Vienen aquí nuestras célebres conversaciones anodinas. Éric Berne les da los títulos de los temas sobre los que versan: «Padres de alumnos», «Trapos», «Fútbol»… En análisis transaccional, tienen precisamente como función la de intercambiar *strokes* –ciertamente poco intensos, pero sintiéndose uno totalmente seguro– y la de crear una cámara de seguridad en la que es posible seleccionar con discernimiento potenciales compañeros para intercambios más excitantes. De modo que, penséis lo que penséis, las conversaciones de pasatiempos son indispensables para los humanos.

La actividad: En lugar de oponer el «hacer» al «ser», podríamos asociarlos en este concepto de «hacer para ser», pues la actividad nos procura muchas satisfacciones y ocasiones de intercambiar signos de reconocimiento. Quien haya participado alguna vez en la mudanza de unos colegas conoce la alegría y la energía que se desprenden de tales jornadas (¡o, si no, cambiad de colegas!). Incluso es gratificante hacer algo uno solo, porque se puede medir y validar el resultado. La vida en la oficina tiene la misma función primaria: hacer cosas juntos para intercambiar signos de reconocimiento. O sea, que el resultado importa menos que el proceso. Penélope esperando a Ulises, bordando interminablemente su tapiz, podría ser un ejemplo de esto.

La intimidad: «La gente piensa que la intimidad es el sexo, pero la intimidad tiene que ver con la verdad. Cuando comprendes que le puedes decir tu verdad a alguien, cuando puedes mostrarte a él/ella tal como eres realmente y su respuesta es: "Conmigo estás seguro/a", eso es la intimidad». Taylor Jenkins Reid.

La intimidad es la más nutritiva de todas las búsquedas de signos de reconocimiento, pero también la más arriesgada. Me gusta mucho la definición de Taylor Jenkins Reid, pero también me gusta mucho la que nos daba Frank Farrelly: «La intimidad es avanzar totalmente desnudo hacia el otro, esperando que se haya cortado las uñas».[10] Esto es válido también en el plano psicológico. La promesa de relaciones cálidas y enriquecedoras no siempre se mantiene, porque para algunos la intimidad es vivida como un peligro. Tienen tanto miedo a desnudarse y que les claven las zarpas que transformarán todas las relaciones íntimas en juegos psicológicos.

Los juegos psicológicos: Los juegos psicológicos son también una noción emblemática del análisis transaccional. Se organizan en torno al triángulo dramático de Karpman en los muy conocidos roles de víctima, verdugo y salvador. Su ventaja es que están tan codificados (de ahí su nombre de «juego») que son previsibles, aun dando la impresión de

---

10. Frank Farrelly es el fundador del método «Terapia provocadora» y autor del libro del mismo nombre (Satas, 2000).

ser involuntarios. Al ser muy intensos en estimulaciones, son una buena alternativa a la intimidad, aunque distan mucho de tener gracia.[11] Como mucha gente está incómoda con la intimidad, vuestras tentativas para instaurar un clima íntimo muchas veces se transformarán en juegos psicológicos. Pero haceos vosotros también la pregunta: ¿por qué querer ser íntimo con todo el mundo? ¿Por qué no guardar esa calidad de relación para vuestros seres muy cercanos? Algunas de nuestras transacciones no necesitan más que un ritual: buenos días, por favor, gracias.

Bien, pienso que he hecho un repaso lo más exhaustivo posible de lo que podía ayudaros a apreciar en su justo valor esas célebres conversaciones de salón. Espero que ahora las miréis con benevolencia. Sirven para mantener un vínculo amigable, ligero, inofensivo. «¿Y cuando todo el mundo se queja?», objetaréis. Muchas veces sólo se trata de cotilleo, o sea, de despioje para crear vínculo social. ¡No os ofendáis! En análisis transaccional, a esto se le llama el juego del «Es horrible». Nadie se engaña. Jacques Salomé da esta divertida definición de la felicidad: «La felicidad quizá sea renunciar al placer de ser desdichado». Volveremos más adelante en este libro sobre las opciones que se nos ofrecen de ser libres o siervos, y que explican ciertas actitudes que os conciernen.

Espero que este primer capítulo os dé ya pistas para comprender por qué han fracasado con tanta frecuencia tantas de vuestras tentativas para entablar una conversación constructiva (desde vuestro punto de vista). Probablemente porque vuestro interlocutor lo único que quería era que le dierais conversación…

Ahora basta con aprender a vivir estas charlas de velada saboreando su lado más amable. Impregnaos de la despreocupación del momento. Para participar en las conversaciones sin incomodar a los invitados, reconoced sinceramente que no sabéis nada del asunto que están abordando y escuchad amablemente, en lugar de juzgar por adelantado que el tema carece de interés. Pero, sobre todo, evitad hacer preguntas demasiado técnicas que podrían pillar a vuestro interlocutor en una falta

---

11. Para más información: *Victime, bourreau, sauveur: comment sortir du piège?*, de Christel Petitcollin (Éditions Jouvence, 2006).

y aceptad ir surfeando de un asunto a otro. ¡Qué felicidad no volver a pasarse uno las veladas exponiéndose a meter la pata!

Por supuesto, necesitaréis un poco de entrenamiento. Nadège me cuenta: «Desde que me explicó usted el mecanismo de las conversaciones anodinas, me estoy entrenando en hablar de todo y de nada. ¡Iba a decirle "en hablar para no decir nada", pero he rectificado a tiempo! Claramente, todavía no estoy al nivel de mi peluquera y he podido observar hasta qué punto la pongo incómoda. Con las demás clientas, charla alegremente sin cesar. Conmigo, cada una de sus tentativas para entablar conversación se da de bruces contra el suelo. ¡Y eso que yo intento mejorar! Pero mis respuestas parecen desconcertarla y le cortan el impulso. Así que termina de peinarme en silencio y de sobra veo que se aburre conmigo. Voy a tener que observar mucho todavía lo que responden las demás clientas para encontrar el tono adecuado».

Capítulo 2

¿Están hechos los problemas para ser resueltos?

«Un hombre inteligente resuelve el problema. Un hombre sabio lo evita. Un hombre estúpido lo crea. Y si el mundo está lleno de problemas, alguna razón tendrá que haber».

ALBERT EINSTEIN

¿Debemos resolver los problemas? Cuando le hago esta pregunta a un sobreeficiente, se le abren unos ojos como platos de incredulidad. ¡Vaya pregunta más absurda! Para él, eso es una evidencia sin matices: ¡por supuesto que sí! Cada problema es un desafío que aceptar y que espolea su creatividad. Desde la perspectiva de resolver ese problema, a veces prolongará su búsqueda de solución más allá de lo razonable en materia de costes, de rentabilidad, de eficacia o de factibilidad. Podríamos decir que, para un sobreeficiente, el lema es: «¡Resolver a cualquier precio!». Por otro lado, antes de iniciar la escritura de este libro, mi lema personal era del mismo orden: «¡Nada de problemas, sólo soluciones!», decía a menudo. Pero, en cuanto me he puesto a investigar sobre el tema, he tenido que revisar mi trabajo. Porque en el mundo neurotípico, la pregunta es pertinente y la respuesta es mucho menos rotunda. Incluso más bien se inclinaría hacia el otro lado. No, los problemas no deben forzosamente resolverse. ¿Esto os extraña? ¿Os choca, incluso? Sin embargo, hay una lógica detrás de este posicionamiento. Este descubrimiento me divirtió mucho, igual que vuestra cara de desconcierto cada vez que os lo he explicado.

Zen en medio de los problemas

En un primer momento, yo pensé que, con mucha sabiduría, los normopensantes se aplicaban más bien a vivir en medio de los problemas que a resolverlos. Esto, finalmente, parece algo lleno de sentido común. Cuando lo pensamos con perspectiva, ¡problemas siempre los habrá! Querer erradicar todos los problemas de la tierra es querer vaciar el mar. Así que, más que pasarse toda la jornada azuzándose uno para resolver todos los problemas del día, y total para encontrarse con la misma cantidad de ellos al día siguiente, quizá valga más aprender a vivir plácidamente en medio. Después de todo, basta con abombar el lomo, dejar pasar la tormenta y aceptar la idea de que jamás nada será perfecto. Con esta manera de pensar, ya sólo queda resolver los problemas *por la* mínima cuando realmente se vuelven invivibles y en el momento en que ya realmente no se pueda hacer otra cosa. «*Por la mínima*» quiere decir poner un parche en la cámara de aire pinchada y esperar a que esté completamente porosa para cambiarla. Esto tiene el inconveniente de no anticipar nada, pero permite dedicar poco tiempo, dinero y energía a la inmensidad de los problemas que nos rodean. Esta manera de razonar que les presto a los normopensantes seguramente es en parte cierta y sabia de forma objetiva para el 90 % de los problemas que nos encontramos.

En este contexto, puedo comprender hasta qué punto un sobreeficiente demasiado entusiasta, que se pasa el tiempo haciendo aflorar todos los problemas que percibe, puede cansar a todo un departamento y dar a su jefe la impresión de que crea «mal rollo» aposta.

Los inconvenientes de este enfoque se revelan en las situaciones que exigen anticipación y una consideración global de la situación. Si con la lógica del parche se hace el mantenimiento de una red de vías férreas, de un puente o de una central nuclear, vamos derechos a la catástrofe. Por otro lado, en muchos casos el trabajo de la comisión de investigación consistirá esencialmente en demostrar que el drama era evitable. Es una verdadera lástima, y a veces trágico. Esos accidentes que no lo son hacen hervir de rabia a los sobreeficientes, que los habían visto venir y que habrían tenido montones de soluciones para proponer. Pero incluso la prevención tiene sus límites. Hay riesgos que siguen siendo irreductibles. Por ejemplo, en caso de accidente nuclear es imposible evacuar rápidamente toda una capital y su región o distribuir preventivamente comprimidos de yodo a los millones de habitantes de esa región.

Pero, dentro de esta lógica de no-resolución de los problemas, hay en juego otras muchas cosas que he ido descubriendo poco a poco. ¡Los problemas tienen una insospechada utilidad social que desconocen los sobreeficientes!

Los problemas dan de qué hablar

Para empezar, un problema os permite alimentar las conversaciones, o sea el cotilleo, del que os recuerdo que es el aglutinante social. Es algo muy conocido: la gente feliz no tiene historia. Tener un problema te da materia para conversar y departir. Una compañía de seguros incluso convirtió esto en su eslogan: «El problema cuando uno está bien asegurado es que no tiene nada que contar».

Los problemas de unos, de otros y de nuestras personas cercanas son, pues, una fuente inagotable de conversación, siempre y cuando nos mantengamos en la superficie, por supuesto. Además, un problema te da importancia, al mismo tiempo que te coloca a cubierto de las envidias. A quienes no tienen problemas muchas veces se les considera unos simples de mente, o peor, unos insolentes con suerte. No existe nada más exasperante que un individuo feliz y con buena salud. ¡Si supierais la cantidad de reflexiones avinagradas que he oído relativas a que yo siempre estoy sonriente! Un farmacéutico, incluso, me reprochó recientemente que gozara de una salud demasiado buena. Según yo le contestaba riendo: «¡Eso, seguro! ¡No debo de ser su mejor clienta!», concluyó secamente: «¡Bueno, pues hasta dentro de un año!» (sobreentendido: para actualizar mi mutualidad). Tener problemas te mete en el tono de los demás y atenúa así las envidias y su agresividad. No obstante, ¡no voy yo a forzarme a caer enferma sólo para complacer a un farmacéutico!

Este funcionamiento se ve muy claramente en las empresas. Un departamento sin problemas se percibe como un departamento de holgazanes. Tener montones de problemas y deslomarse (en apariencia) para resolverlos os dará la imagen de un departamento serio y atareado. Por eso todos los departamentos aseguran estar desbordados de trabajo y de problemas por resolver. ¡He ahí también por qué no hay que resolver los problemas en ningún caso! Resolver los problemas os obligaría a crear otros para mantener vuestro estatus. Se acabaría viendo que los estáis creando vosotros mismos y eso sería contraproducente: nos gustan los problemas, pero no quienes los crean. De modo que mejor conservar los problemas que tenemos y batir mucho el aire alrededor para ahuecarles las plumas.

Finalmente, los problemas permiten alimentar los juegos psicológicos –fuente de muchos signos de reconocimiento, ciertamente negativos, pero intensos– y nutrir las disputas de pareja. ¿Qué motivo vamos a tener para pelearnos cuando esté ordenado el garaje? Por eso, si demostráis que un problema se puede resolver rápidamente, veréis aparecer el juego psicológico enumerado en análisis transaccional con el título de «Sí, pero»… y que consiste en rechazar, con ayuda de numerosas objeciones, todas las soluciones que podríais proponer. «Sí, pero»… ¿No es ésta la prueba de que los problemas no están hechos para ser resueltos? Esto explica por qué las tentativas de cambio tropiezan tan a menudo con un inmovilismo descorazonador, incluso cuando el cambio contemplado parece ser para el bien de todos.

La reunionitis aguda

Las incesantes reuniones de trabajo exasperan a los sobreeficientes. Se aburren en ellas, las encuentran infructuosas, inútiles, interminables. Tienen la impresión de que la conversación da vueltas en redondo sin resolver nada. Esto no es una falsa impresión. Si nos imaginamos que estas reuniones tienen como único objeto resolver los problemas y tomar decisiones concretas, entonces sí, podemos quedar desolados por el número de horas desperdiciadas de ese modo. Pero si somos capaces de comprender que lo que se juega está en otro sitio y que estas reuniones tienen otras funciones, entonces no, no son tan estériles. Porque existen implicaciones más importantes que la resolución del problema:

implicaciones declaradas e implicaciones ocultas, explícitas e implícitas, conscientes e inconscientes. Detrás de cada problema aparente, hay varios problemas menos conscientes. ¡Para quien sabe tomar distancia y observar todos estos aspectos, las reuniones se vuelven apasionantes!

Sobre todo permiten estar juntos e intercambiar signos de reconocimiento. Este mecanismo ya lo conocéis. El principio de la reunión, tanto si ésta es profesional como particular, afecta a varios aspectos de la búsqueda de los signos de reconocimiento. Antes que nada, concierne al aspecto «ritual», base que da seguridad; después a las conversaciones «pasatiempo», previsibles e inofensivas; y finalmente a «la actividad», de la que os recuerdo que lo importante es el procedimiento, no el resultado: hay que tener cosas que decirse y que hacer juntos. Si todo está resuelto, se acabó la reunión, que, en cualquier caso, es un maravilloso pretexto para socializar. Las reuniones de asociaciones caritativas, deportivas o culturales son aún más distendidas. ¡Bueno, mientras no forme parte del círculo ningún sobreeficiente! La seriedad con la que un sobreeficiente se implica en la organización de un simple rastrillo vecinal roza a menudo el ridículo. Tomad conciencia del desfase existente entre las cosas sencillas que se solventan en la reunión y vuestra implicación emocional. Así que dejad de tomaros las reuniones tan en serio: saboread el placer de estar juntos, observad las interacciones. Son apasionantes cuando se captan las implicaciones ocultas. Así, en la próxima reunión de copropietarios, ¡mirad con qué júbilo apenas velado se queja la vecina del tercer piso de los plantones de begonias y hasta qué punto vuelve a ellos sin cesar, simplemente para prolongar ese maravilloso momento en el que ella, por fin, existe!

Los juegos de poder

En el mundo normopensante, cada persona tiene un estatus y un lugar en el grupo, pero nada está nunca definitivamente adquirido. Por eso, las reuniones permiten reforzar el estatus y el lugar de cada uno en el organigrama y verificar la sumisión de los miembros del grupo a los códigos de la empresa. A la salida de la reunión, todo el mundo sabe a qué atenerse: quién tiene qué estatus, quién es actualmente el ojito derecho del jefe y a quién hay que evitar porque ha caído en desgracia. La corte del rey Luis XIV llevó este procedimiento a su paroxismo. Una simple mueca o un suspiro del rey equivalía a una condena, y al contrario, una sonrisa o una palabra amable mostraban la recuperación de la estima. Todos los cortesanos, sin excepción, permanecían transidos acechando el menor signo. Aquella corte hervía de intrigas, de rivalidades, de envidias y de odios. Las cosas no han cambiado tanto a día de hoy. En todos los grupos humanos hay una jerarquía aparente y una jerarquía secreta, hostilidades y envidias. El aspecto político siempre primará sobre el aspecto práctico. Así pues, las cosas que están en juego son muy poco objetivas en la búsqueda (eficaz o no) de solución. Resolver un problema es efectuar un cambio que puede deconstruir todo el relato de un grupo y obligarle a reorganizarlo todo. Por ejemplo, si un problema se ha percibido durante mucho tiempo como un problema grave, resolverlo anula esa hipótesis. Éste es uno de los aspectos que hay que tomar en cuenta en terapia. Cuando una persona cambia, ese impacto también lo reciben todo el funcionamiento de la pareja, el de la familia y el de su entorno. He ahí por qué resolver un problema puede colocarte en dificultades frente a tu jefe, tus compañeros o tus seres cercanos.

Esas implicaciones de poder, de estatus y de lugar son prácticamente inaccesibles para los sobreeficientes, mientras que son primordiales en el mundo neurotípico. A veces los sobreeficientes se dan sobrada cuenta de los envites políticos, pero los juzgan deplorables. Así Francis percibió muy bien la función de los problemas en su empresa. Comenta: «Las cosas que se eligen en mi empresa se hacen considerando el interés financiero y a corto plazo. No hay ninguna toma en consideración de los problemas en su globalidad. Todo el mundo dice estar desbordado de problemas porque aquí un departamento sin problemas se vuelve inexistente. Mis compañeros andan a la greña y están todo el día compitiendo, cuando se supone que debemos colaborar y poner en común. De sobra veo que sus juegos de poder y sus intereses personales van por delante del interés colectivo».

Los juegos de poder son una de las principales piedras de choque entre sobreeficientes y normopensantes. Aparte de que los sobreeficientes no tienen ningún sentido de la jerarquía, la mayoría de ellos llevan dentro una enorme herida de injusticia. Por lo mismo, se calzarían rápidamente la armadura del caballero blanco y se marcharían de buen grado a la guerra para combatir el mal y salvar al inocente. Tienen una necesidad casi compulsiva de ayudar y de solucionar los problemas de los demás, pero también de denunciar las injusticias, las malversaciones y los abusos, de señalar con el dedo los contubernios, los enchufes y otros pequeños manejos. En general, en el pecado llevan la penitencia. La Historia y los relatos están jalonados por escándalos de todo tipo. Hasta donde yo sé, ninguno que haya dado la voz de alarma ha recibido jamás gratitud ni recompensa por el servicio prestado a su comunidad. ¡Antes al contrario! De Juana de Arco a Edward Snowden, pasando por don Quijote y Julian Assange, todos han pagado bien cara su osadía. En cambio, aquellos que sí han sido puestos en tela de juicio por lo general han salido mucho más airosos. Todo lo más, como a la marquesa de Montespan, salpicada por «el asunto de los venenos»,[12] se los aparta discretamente y se los traslada a otro sitio. Y lo más decepcionante sigue siendo la indiferencia del pueblo respecto a las revelaciones. Peor: parece apoderarse del público un verdadero letargo en el momento en el que debería cundir la indignación. El que da la voz de alarma, creyendo vital su mensaje, tenía la esperanza de despertar a las multitudes y al final se queda dando gritos en el desierto, frente a los famosos tres monos: sordo, ciego y mudo. Porque en el mundo normopensante existe una regla implícita, sagrada, inmutable e inviolable: «No se molesta a los poderosos en sus chanchullos».

Todos los normopensantes han captado este mensaje. A falta de comprenderlo, los sobreeficientes se pasan el tiempo creándose problemas. ¿Debe uno callarse por eso? En ciertos casos, sí; no merece la pena asumir el riesgo. En otros, no; lo que ocurre es inadmisible. Pero quizá los sobreeficientes tienen que aprender antes que nada la prudencia, la paciencia y a darles cuerpo a sus expedientes antes de embarcarse en eso.

---

12. El asunto de los venenos, como su nombre indica, es una serie de escándalos relativos a unos envenenamientos acaecidos bajo el reinado de Luis XIV entre 1679 y 1682 y que implicaron a personalidades de la aristocracia y del entorno del rey.

El arte de no resolver los problemas

Parece, en fin, que sobreeficientes y neurotípicos tienen un enfoque radicalmente diferente de la resolución de los problemas. En su libro *La Grande Illusion de la technique*,[13] Jacques Neirynck propone una interesantísima descripción de dos enfoques prácticamente opuestos de la resolución de problemas. La diferencia entre estos dos enfoques me parece explicar bien la zanja de incomprensión existente entre los sobreeficientes y los normopensantes.

Jacques Neirynck constata que, frente a las grandes plagas de la vida, se ofrecen a los humanos dos recursos: la religión o la magia.

La religión: En este estado de ánimo, el hombre efectúa plegarias, procesiones, incluso procede a sacrificios. Alimenta la esperanza de doblegar a la divinidad. Con esto tiene la impresión de haber hecho lo que estaba en su poder y también de haber hecho «lo que había que hacer». Esta postura permite asumir psicológicamente el destino, es decir, soltar. La plaga deja de ser absurda: es la voluntad o la respuesta del dios. Se la puede padecer sin rabia ni desesperación.

La magia: Cuando el hombre recurre a la magia, ya no está en una perspectiva de suplicar a la divinidad y encomendarse a su misericordia, sino en la de manipularla y tomar el control sobre el destino. El ritual mágico no es una ofrenda al dios, sino un mandato que debe anular el maleficio.

Para Jacques Neirynck, la ilusión técnica es la forma moderna de la magia. Coloca al ser humano en una ilusión de omnipotencia. Por eso es tan apreciada. Para cada problema político, social, económico, afectivo, cultural o espiritual, la ilusión técnica propone –o más bien impone– una solución material. ¿Se trata, entonces, de resolver o de exorcizar el problema? Esta *ilusión* técnica es una verdadera plaga. Jacques Neirynck constata: «No es posible oponerle la realidad, la razón o la ciencia, porque ella finge ser realista, racional y científica». Precisa el autor que esa ilusión se ha constituido en sistema dogmático y, por lo

---

13. NEIRYNCK, Jacques, *La Grande Illusion de la technique*, Éditions Jouvence, 2013.

mismo, no soporta la mínima crítica o la mínima objeción, que inmediatamente es rechazada como irracional. Ahí está la paradoja: la ciencia está hecha para ser cuestionada. La ilusión técnica se niega a ello. Desde hace poco los «expertos» califican de ultracrepidiano[14] a toda persona que se atreva a interesarse por los temas que tratan ellos y de conspiranoico a todo aquel que ose cuestionar la versión oficial. ¿Cómo reconocer que estamos ante una situación regida por esta ilusión técnica? A fin de cuentas es muy simple.

La ilusión técnica genera sistemáticamente cuatro efectos destructores:

El efecto perverso: produce el efecto inverso al que se espera. Estamos aún más enfermos, el procedimiento es aún más complicado, se pierde tiempo allí donde se suponía que se iba a ganar.

El efecto centralizador: da un poder desmedido a un puñado de individuos, como la magia del hechicero o la influencia oculta de los *lobbies*.

El efecto amoral: so pretexto de eficacia, nos olvidamos de la ética.

El efecto coercitivo: obliga a someterse a la ilusión. ¿Podemos desarmar nuestro país, rechazar una quimioterapia o una prueba invasiva pero «preventiva»?

Los acontecimientos demuestran regularmente la amplitud y la pujanza de la ilusión técnica que está en vigor en el mundo entero. Por todas partes la gente prefiere encomendarse a la magia antes que aceptar los caprichos del destino, porque salir de la ilusión de la omnipotencia vuelve a colocar al hombre frente a su vulnerabilidad.

Cuando les hablo de todo esto, a los sobreeficientes les choca sinceramente la idea de que los problemas puedan tener tantas ventajas y servir antes que nada para crear vínculos a fuerza de charla. Pero, al pensarlo, se dan cuenta de que ellos, de hecho, tienen el mismo objetivo de existir gracias a los problemas. Ellos querrían poner a disposición

---

14. El ultracrepidarianismo designa a los profanos que se atreven a hablar de un tema sin ser expertos en él. «Zapatero, a tus zapatos», preconiza esta doctrina.

del grupo sus capacidades para resolverlos, con el fin de demostrar su valía y recibir, por fin, reconocimiento y gratitud.

Por desgracia, lo que se produce es lo contrario. Es importante que comprendáis hasta qué punto es agotador para todo el mundo ese idealismo que querría que existiera un mundo perfecto sin problemas. Esa insistencia en acorralar, sacar al descubierto y señalar con el dedo cualquier problema que pudiera surgir la viven muy mal los normopensantes. Ellos han aceptado de una vez por todas que el mundo es imperfecto y que siempre habrá problemas. Así, están legitimados para pedir que los dejen en paz con este tema. A veces las soluciones propuestas por los sobreeficientes son tan costosas en tiempo, en energía y en dinero que se vuelven irrealistas e irrisorias. El riesgo cero no existe. A veces, por muy chocante que pueda parecer, esperar a que se derrumbe un puente para reconstruirlo puede ser la solución menos mala. En otros casos, envites políticos y financieros ocultos se saldrán con la suya sobre el interés colectivo. Así va la vida de los humanos. A fin de cuentas, Einstein tenía razón: si el mundo está lleno de problemas es porque el problema tiene una función social insustituible.

En fin, creer que los problemas se pueden resolver es olvidar la ley física del aumento de la entropía que exige que el hierro se oxide, que la madera se pudra y que, inexorablemente, a mí se me enfríe el café. Nada se crea, nada se pierde, todo se transforma. Los problemas parecen hechos no para ser resueltos, sino para disolverse en otros problemas más importantes. Así viene siendo desde hace millones de años.

Capítulo 3

El gran cerebro de Sapiens

Para comprender bien los códigos sociales y su contenido, me dije que lo mejor era repasar el curso de la historia humana desde sus inicios. Esto representa un pequeño salto hacia atrás, al pasado, de unos cuantos millones de años.

Homo Sapiens: ¿hombre sabio o mono instruido?

Hace tres millones de años, el hombre era un animal como los demás, una pequeña criatura vulnerable situada en el medio de la cadena alimentaria. Vivía en la naturaleza, se alimentaba con lo que en ella encontraba: frutas, bayas, peces, animales pequeños... Vivía en pequeñas tribus que no tenían casa y que deambulaban por la naturaleza yendo allí donde podían encontrar comida. Esto funcionó así durante muchísimo tiempo. Los humanos eran pacíficos y estaban integrados en su medio natural. Pero un día, hace unos 45 000 años, no se sabe por qué, no se sabe cómo, el cráneo de este pequeño mono humano empezó a crecer, a crecer, hasta triplicar su volumen, y su cerebro con él. Para daros un orden de tamaño, de media un mamífero de 60 kg posee un cerebro de 200 cm³. El cráneo del australopiteco tenía ya una capacidad excepcional de 500 cm³. Hoy, el hombre moderno posee un cerebro de unos 1300 cm³.

Es legítimo interrogarse sobre la pertinencia de una mutación así. Durante mucho tiempo se ha considerado que cuanto mayor era el cráneo más inteligente era el animal. Aún tendríamos que llegar a entendernos algún día sobre aquello que definimos mediante este término de «inteligencia». Porque, objetivamente, un cerebro gigante es más bien incómodo y agotador para el cuerpo. Obliga a mantenerse de pie, hace daño en el cuello… Aunque no represente más que del 2 al 3 % del peso corporal total, consume por sí solo el 25 % de la energía del cuerpo en reposo, frente al 8 % en los demás monos grandes. De modo que ¿es una bendición tener un cerebro así? Difícil de zanjar. El caso es que, gracias a las facultades de ese nuevo cerebro, el hombre poco a poco se fue diferenciando de los demás primates, comenzando a tallar herramientas y después domesticando el fuego. A día de hoy sigue siendo el único animal que tiene dominio del fuego. Hace 300 000 años, el ser humano mantenía encendido cotidianamente un hogar. Eso palió su vulnerabilidad y le puso al abrigo del frío y de los grandes predadores. Después se dio cuenta de que pasar los alimentos por el fuego los hacía más digestivos. Si el hombre pudo liberar tiempo y energía para las necesidades de su cerebro fue, pues, haciéndose cocinero. Esto también se convirtió en la base de su socialización: la comida tomada en común distingue al hombre del animal. Esas comidas compartidas y el placer de cocinar siguen siendo todavía hoy lo esencial de nuestra convivencia. ¡Hay que conservarlo sin falta!

Ese cerebro gigante tuvo otras implicaciones. Hace 45 000 años, el ser humano obró lo que llamamos su «revolución cognitiva», es decir, que accedió a la abstracción. Se hizo capaz de pensar en forma de conceptos, de anticipar la continuación probable de los acontecimientos, de crear hipótesis y vínculos de causa a efecto, de imaginar situaciones dadas… Así se convirtió en el único mono del mundo capaz de pelearse por un plátano que no existe. Y ya desde entonces nunca ha dejado de encerrarse mentalmente en un mundo cada vez más abstracto. Observad a vuestro alrededor el tiempo que pasan los humanos, en el bar o en los platós televisivos, debatiendo sobre hipótesis vacías: los resultados probables de un futuro partido de fútbol, una remodelación ministerial posible o la hipotética victoria de un candidato no declarado en unas elecciones cuya lista de aspirantes todavía no se conoce. Son los mismos monos, que siguen a la gresca por los mismos plátanos virtuales.

Desgraciadamente, esas nuevas capacidades de abstracción y de anticipación le permitieron al hombre, antes que nada, descubrirse mortal y vulnerable, es decir, convertirse en un gran miedoso. Dentro de ese voluminoso cerebro lleno de abstracciones, se multiplicaron los miedos, ocupando lo esencial de la creatividad humana. Pero, por lo general, el miedo le vuelve a uno malvado y codicioso. Por eso utilizó el humano de modo prioritario sus nuevas capacidades mentales para organizar trampas, con el fin de atrapar a los rebaños salvajes y a sus «enemigos». Así fue como empezó a realizar verdaderas carnicerías, cuyas huellas históricas descubrimos a partir de ese período. Desde entonces, la emboscada se ha convertido en su especialidad y se ha ido declinando al hilo de los milenios en armas y cepos cada vez más sofisticados, de la ballesta al cañón, pasando por el kalashnikov hasta la bomba atómica. ¡Y seguro que *Sapiens* ya tiene cosas peores en preparación en sus carpetas! Buscando en el diccionario de sinónimos la palabra adecuada para designar estas hecatombes, he dado con la lista siguiente: masacre, degollina, carnicería, matanza, derramamiento de sangre, sacrificio, inmolación, beligerancia, exterminio, genocidio, hostilidad, invasión, pogromo, razia. He pensado que, al final, esta lista debía de ser bastante exhaustiva y representativa de las nuevas capacidades de abstracción del ser humano. Dado que se hizo capaz de masacrar un rebaño entero para cortarse un chuletón, también ha podido volverse expeditivo para con sus congéneres. La historia humana está sembrada de guerras y de masacres.

«La tolerancia no es una marca de fábrica de los *Sapiens*», constata plácidamente Yuval Noah Harari.[15] El ser humano, definitivamente, es un manazas que lleva 45 000 años arrasándolo todo a su paso. Algún día tendremos que asumirlo. También tendremos que aprender a gestionar de manera diferente nuestros miedos. Sin embargo, el hombre es también un pequeño mono admirable, intrépido y hasta temerario, que afronta tempestades en océanos desatados, escala montañas, cons-

---

15. Si os ha interesado lo poco que os he contado de esta evolución del hombre, os invito encarecidamente a leer *Sapiens. Une brève histoire de l'humanité*, de Yuval Noah Harari, publicado en Ediciones Albin Michel en 2015. ¡Os gustará!

truye carreteras, puentes, catedrales y rascacielos e intenta conquistar el espacio con riesgo de su vida.

Y eso…, eso obliga al respeto. El hombre ha logrado auparse hasta arriba del todo de la cadena alimentaria y ha ido encadenando sus «revoluciones» personales. Desde hace 45 000 años, busca sin descanso cómo descodificar su universo y dominarlo. Movido por su insaciable curiosidad, ese pequeño mono escruta y estudia todo lo que le rodea, desde lo más grande –el Universo– a lo más pequeño –la partícula elemental–.[16] Todo se acelera. Los descubrimientos y los progresos, admitiendo que lo sean, se suceden y se multiplican. Si bien ciertas investigaciones son inquietantes y éticamente discutibles, los progresos son fascinantes. Paradójicamente, parece que cuanto más racional y científico se cree el ser humano, más tiros se da en el pie. Hoy, el progreso crea más problemas de los que resuelve. Pero si el hombre ha sabido ir rebotando desde hace 45 000 años, probablemente encuentre nuevos medios para sobrevivir y evolucionar. ¿Qué más va a inventar para salir del apuro? ¿Qué dirán de nuestra época los *Sapiens* dentro de 45 000 años?

Homo sapiens quiere decir «hombre sabio». No es éste, sin embargo, el primer calificativo que me viene a la mente al pensar en los humanos de hoy. Pero este monito sigue siendo, a pesar de todo, cautivador y entrañable, porque no es solamente un zoquete. Esta revolución cognitiva hizo de él también un genio, un artista y un maravilloso contador de historias… a partir del mismo momento en el que adquirió el lenguaje. Basta con leer un poema, con mirar una pintura o con escuchar una sinfonía para reconciliarse instantáneamente con los 1300 cm³ de cerebro de la humanidad.

La revolución cognitiva y sus implicaciones

Hace 45 000 años, sin darse cuenta, el ser humano empezó a encerrarse en una realidad imaginaria fabricada por su mente. Creó relaciones

---

16. El quark, en el momento en el que escribo estas líneas, está considerado como la partícula elemental, seguramente hasta los próximos descubrimientos de la física cuántica.

de causa a efecto, teorías, reglas y leyes, ciertamente útiles, pero de las que muy rápidamente olvidó que eran abstractas y arbitrarias.

Me gusta comparar al humano con el zorrito del bosque de al lado de mi casa que viene regularmente a visitar mi jardín. No lleva reloj ni tiene pasaporte, y menos aún tarjeta de crédito. No conoce fronteras y esquiva la cerca de «mi propiedad» pasando por debajo del seto. No cruza él la carretera, es la carretera la que atraviesa su bosque. Y como soy lo bastante tonta como para perturbar a la naturaleza dando de comer a los pájaros, él viene a servirse a la despensa que le he montado. Me aflige ver regularmente montoncitos de plumas en mi césped, pero no hay ley que detenga a un zorro con hambre. Los humanos son los únicos capaces de considerar el hambre como un delito y de castigarse mutuamente por «robar» comida.

Estamos tan condicionados por vivir en este entorno cotidiano del humano llamado «civilizado» que ya no tenemos perspectiva ninguna sobre el lado arbitrario de nuestras reglas, salvo quizá a veces, en flashes, sobre aspectos muy puntuales, porque nos conciernen de cerca. Yo he intentado en varias ocasiones explicar a mi entorno hasta qué punto son artificiales todos nuestros modos de vida. Lo único que he recogido es incomprensión y extrañeza. La hipnosis colectiva de esta realidad imaginaria es increíblemente potente. Pero, como soy tenaz, lo vuelvo a intentar.

El ejemplo más sencillo de comprender quizá sea el concepto de dinero, en el sentido de moneda suelta para hacer trueques. El metal no tiene más valor que el que le damos nosotros: el oro es un metal bastante blando con el que no se puede hacer gran cosa, aparte de elementos decorativos. ¿Por qué darle tanta importancia? Asimismo, el rectangulito de papel verde que representa un dólar tan sólo tiene un valor simbólico, pero que casi todos los habitantes del planeta reconocen como válido. En los círculos de desarrollo personal, existe una fábula sobre la virtualidad del dinero. Es la historia de un turista que llega a una ciudad pequeña. Reserva una habitación en el hotel, que paga al contado con un billete de 100 €, y luego se va a pasear por la ciudad. El hotelero coge el billete de 100 € y aprovecha esa bicoca para pagar una factura de la tintorería que tiene pendiente. El del tinte sale corriendo al taller a pagar una reparación reciente. El mecánico hace lo mismo con el panadero, etc. Después el billete termina de nuevo en el mostrador del hotelero y paga una factura de un banquete. En ese momento, el turista regresa al hotel. Finalmente se tiene que marchar y pide que le devuelvan el dinero. El hotelero le tiende su billete de 100 €, que en el intervalo ha pagado un importe tremendo de facturas pendientes. Se supone que esta fábula demuestra el aspecto virtual del dinero. Seguramente un economista encontrará el error dentro de este razonamiento, pero aquí es oportuno: la contabilidad no es lo mío, y a mí me encanta esta historia, igual que me encanta recordarme a mí misma que mi zorrito vive sin tarjeta de crédito.

Otro tanto ocurre con el concepto de tiempo. En el momento en el que estáis leyendo estas líneas, es evidente que estamos a hoy, día tal, y que es la hora tal. Por ejemplo, ahora, mientras escribo, estamos a lunes 1 de febrero de 2021 y son las 9:26 h. Año 2021 ¿en relación a qué criterio? El Año Nuevo chino, año del búfalo, entrará el 12 de febrero próximo. En el calendario republicano, estaremos en primidi el primero de Pluviôse del año 213 (¡si he hecho bien la cuenta!). Y actualmente son las 17:26 h en Tokio, las 11:26 h en Moscú y las 0:26 h en Los Ángeles. Si tomáis un avión o un cohete, la noción del tiempo se verá aún más perturbada, pues podríais regresar del viaje la víspera de vuestra partida. Así que, ¿en qué día estamos? ¿Y qué piensa de eso el zorrito? ¿Empezáis a ver adónde quiero ir a parar con este aspecto virtual y arbitrario de nuestras reglas del juego?

Como he recordado brevemente más arriba, es probable que el primer mecanismo de esa capacidad de abstracción recién estrenada fuera la anticipación, y esa proyección hacia el futuro amplificó y multiplicó los miedos de *Sapiens*. Esto explica en gran parte la agresividad y la crueldad de los humanos: conservamos la memoria biológica de haber sido una criatura vulnerable rodeada de peligros. Esta percepción de un gran peligro inminente está obsoleta hoy, dado que el humano prácticamente ya no tiene más predadores que él mismo. Pero está encerrado de forma hermética en su prisión virtual de miedos. La mayoría de las personas que consultan con un psicólogo de verdad sufren, pero sobre todo están inconscientemente aterrorizadas.

También es el miedo a la carencia el que nos lleva a almacenar. En este mundo de abundancia en el que los manzanos dan más manzanas de las que se puede comer un humano, *Sapiens* se ha encerrado en una lógica de escasez, o sea, paradójicamente, en una lógica de desperdicio.

Seguramente le han animado a ello la agricultura y la necesidad de tener previsión de grano para la siembra. Pero la acumulación y el almacenamiento son reflejos de miedo. Esto es válido para todo lo que se puede almacenar: de los productos alimenticios al dinero, pasando por los troncos para la chimenea. El hecho de almacenar es lo que crea la escasez y también las catástrofes cuando por desgracia el preciado stock se destruye. Pero tenemos ocasión de verlo con regularidad: *Sapiens* todavía no lo ha comprendido. Recientemente, la amenaza de un confinamiento ha provocado en Francia una quiebra en el stock de papel higiénico.

Ese monito asustado tuvo que contar mucho con la cohesión de su grupo para protegerse. Así que desarrolló una capacidad fuera de lo normal para colaborar. No existe grupo humano, por muy primitivo que sea, en el que las relaciones familiares no sean objeto de ritos y de reglas, acompañadas de tabús y sanciones. Aquí es donde encontramos el aspecto positivo de la revolución cognitiva de *Sapiens*. Otorgándose códigos sociales, reglas y más tarde leyes, el humano pudo aumentar significativamente el tamaño de los grupos capaces de colaborar con eficacia. Ésa es la magia de los símbolos.

Poco a poco, en esa necesidad compulsiva de controlar un entorno vivido como peligroso por un pobre monito aterrorizado por su propio cerebro, las reglas se fueron complejizando. Se volvieron absurdas y contradictorias. Nos agotábamos intentando seguirlas y volver a darles alguna coherencia. ¿En qué mundo insensato vivimos? ¿Qué ha pasado? ¿Cómo podemos tomar este mundo imaginario absurdo por una realidad?

En algunas regiones del mundo, al margen de los humanos «civilizados» que se iban encerrando cada vez más en sus reglas del juego complejas, coercitivas y contra natura, los esquimales, los aborígenes de Australia, los indios de la Amazonia o los bosquimanos de África han seguido viviendo en perfecto equilibrio con su entorno hasta el siglo XX. Habrá seguramente quien piense que se trata de poblaciones «salvajes» o «atrasadas»; no obstante, han realizado una formidable proeza ecológica. Jacques Neirynck[17] considera, por otro lado, como la perfección ecológica una sociedad esencialmente rural, en la que la técnica es cosa de artesanos, en la que cada región vive prácticamente en autarquía con sus propios recursos y en la que las sangrías practicadas sobre las energías no renovables siguen siendo despreciables, con un suelo explotado de manera ecológica. En el siglo XII, Francia había alcanzado ese equilibrio y habría podido conservarlo tomando la opción de regular su población, pero fue entonces cuando dieron comienzo las cruzadas. Habría que tomar como modelo la realidad imaginaria de aquellas poblaciones primitivas: consiste en integrarse en el entorno natural, en la rueda de las estaciones y en los ciclos de la vida de manera inmutable e intemporal, en lugar de estar metidos en una carrera hacia la modernidad que cada vez parece más una huida hacia delante.

Así, en esta realidad imaginaria que nos hipnotiza, nuestras reglas de vivir juntos son igual de arbitrarias que las de un juego de mesa. ¿Por qué algunos las integran tan fácilmente? ¿Por qué otros las cuestionan sin descanso? ¿Por qué, finalmente, algunos se autorizan a jugar con sus límites y a transgredirlos sin escrúpulos?

Un mundo virtual más allá de todo lo que nos podemos imaginar

> «Del mundo sólo percibimos lo que estamos preparados para percibir. Para comprender un sistema, hay que salirse fuera de él».
>
> BERNARD WERBER

Algunos podrían considerar los códigos y reglas del juego de la vida de un hombre moderno como ciertamente arbitrarios pero, no obstante, muy reales. Por mucho que una frontera sea una línea artificial trazada en el suelo, para muchos tiene sentido. Está comúnmente admitida la idea de que, a un lado de esa línea, estamos en un país, y que un paso

---

17. NEIRYNCK, Jacques, *La Grande Illusion de la technique, op. cit.*

adelante nos lleva a otro país. Se admite, incluso, que esa frontera pueda cortar un pueblo en dos, obligando a los habitantes de un lado de la calle a respetar leyes diferentes de las de sus vecinos de enfrente. Con esto olvidamos que esas líneas imaginarias se mueven al albur de guerras territoriales. Los envites políticos y las relaciones de fuerza entre poderosos son los únicos que otorgan una ciudadanía u otra. ¡Algo saben de esto los alsacianos, que a lo largo de los siglos han cambiado con tanta frecuencia de nacionalidad! La ciudad de Dunkerque incluso batió todas las marcas el 25 de junio de 1658, durante la «loca jornada». Fue española por la mañana, francesa a mediodía e inglesa al caer la tarde. Sin embargo, a muchos todavía les parece justo y normal dejarse matar por su «patria», cosa que, por otro lado, no deja de ser un concepto muy relativo.

Asimismo, está la naturaleza y la foto de la naturaleza. La foto es efectivamente un objeto material, pero no es la naturaleza. Creemos que sabemos distinguir entre lo real y lo imaginario; sin embargo, una película es un objeto real (menos desde que ya no se utiliza película fotográfica para fijarla), y la película filmada que proyecta es inmaterial. Con los efectos especiales y los programas informáticos de retoque, con la desmaterialización y las propagandas gubernamentales, vivimos cada vez más desconectados de la realidad. El colmo de la ilusión se alcanzó cuando unos periodistas les preguntaron a Sandra Bullock y a George Clooney si, en el rodaje de la película *Gravity*, no habían sido demasiado duras las escenas rodadas en el espacio. Así, el ser humano vive encerrado en sus abstracciones, en una hipnosis permanente, desconectado de su biología y respetando unas reglas completamente injustificadas. Pocos son los que se dan cuenta.

Todos en la caverna de Platón

En el 400 a. C., Platón ya se interrogaba sobre este estado de hipnosis. Él utilizó la alegoría de la caverna para intentar despertar a sus contemporáneos. Según esta metáfora, los hombres viven encadenados en una oscura caverna. La luz del exterior sólo los alcanza por la espalda. Lo que creen que es la vida no es sino el movimiento de sus propias sombras proyectadas en la pared de esa caverna. Ya en aquella época lo había podido comprobar Platón: si uno de los prisioneros se libera de sus ataduras y sale de la caverna, a su regreso lo recibirán con muy malos modos sus congéneres encadenados, que se negarán a creer su relato y elegirán quedarse en la sombra.

En sus novelas *Jonathan Livingston Gaviota* o *Ilusión*,[18] Richard Bach, siguiendo el ejemplo de Platón, utiliza metáforas para intentar sacarnos de nuestra hipnosis. Pero podemos ir aún más lejos en la toma de conciencia de que nuestro mundo es mucho más artificial de lo que creemos. En su novela *La Secte des égoïstes*, Éric-Emmanuel Schmitt formula la pregunta: «¿Y si el mundo que me rodea sólo fuera producto de mi imaginación?». Con tanto humor como profundidad, hace explorar a su protagonista todos los aspectos filosóficos del egoísmo según esta definición: «Llamamos egoísta al hombre que cree que él es el único que existe en el mundo y que el resto sólo son imágenes de un sueño».

Su novela da vértigo porque el autor aborda un tema universal. ¿Quién no se ha sentido nunca engañado por sus sentidos, preguntándose si se trataba de una ilusión o de una realidad? He aquí lo que Éric-Emmanuel Schmitt hace decir a su protagonista Gaspard Languenhaert: «El origen de mis sensaciones soy yo mismo. Yo soy el creador de este mundo hecho de colores, de objetos, de olores. Cuando tú sueñas, ¿no eres tú el autor de tu sueño? Cuando te ves bogando por el mar, rumbo a las Américas, ¿son las olas otra cosa que el producto de tu imaginación? Naturalmente, dado que se trata de un sueño. ¿Quién hace que te des cuenta? El despertar. ¿Y si acaso fueras a despertar de la vida? Sí, ¿quién te asegura que en este momento no estás soñando?».

Platón está tan convencido de esto como Gaspard: los humanos viven en la ilusión, embaucados por sus sentidos. Lo real inmediato directamente palpable no es la verdadera realidad. La física cuántica tiende a darle la razón.

---

18. *Véase* Bibliografía.

El vértigo cuántico

¿Ser realista es ver la realidad? Una descripción que pretende ser objetiva no deja de ser muy parcial, porque está limitada por lo que puede percibir el observador. Incluso el realismo científico es relativo y regularmente hay nuevos descubrimientos que lo ponen en entredicho. La física cuántica cuestiona nuestra relación con la realidad, nos obliga a reconsiderar nuestros conceptos y a imaginar otros nuevos. Por ejemplo, desde el siglo XIX sabemos que una gran parte de las ondas luminosas son invisibles a simple vista. El espectro electromagnético completo contiene todas las luces, visibles e invisibles. Pueden clasificarse por frecuencia o por longitud de onda en toda una escala: ondas radio, microondas, infrarrojas, visibles, ultravioletas, rayos X y gamma.

Hoy, para muchos físicos, el mundo es cuántico a todos los niveles y la física clásica ya no es sino una aproximación, útil para nuestra escala sensorial. La física clásica tan sólo describe lo palpable. La física cuántica, por su parte, explora un mundo inaccesible a nuestros sentidos: el mundo de lo infinitamente pequeño. Como no obedece a las mismas leyes que la física clásica, el modo cuántico puede parecer inasible y contrario a la intuición, tanto más cuanto que son las matemáticas las únicas aptas para describirlo. No obstante, la física cuántica —en el estado actual de estas investigaciones— no siempre describe la realidad, sino simplemente lo que podemos conocer nosotros de ella.

Aunque este tema sea apasionante (¿verdad?), no voy a entrar más en detalle en lo que es la física cuántica.[19] Con lo que me quedo de ella, y que sirve a mi propósito, es con que pone tremendamente en entredicho la noción de tiempo,[20] y en particular la idea de pasado y de futuro; me quedo con que los objetos parecen tener el don de la ubicuidad, con que las partículas se comunican entre sí, incluso a distancias muy grandes, y, sobre todo, con que es la presencia del observador la

---

19. Para más información: PLUCHET Blandine, *La Physique quantique pour les nuls en 50 notions clés*, Éditions First, 2018.
20. La experiencia de la elección retardada en física cuántica muestra que un objeto cuántico podría tener cierta influencia en su pasado, como si éste dependiera del futuro, y también en lo que habría podido producirse, aunque no se haya producido.

que materializa las posibilidades; es decir, un átomo se mantiene como probabilidad hasta que la conciencia le da cuerpo. Y ahí estamos de plano en el tema de la subjetividad de *Sapiens*: dentro de las probabilidades que me rodean, yo percibo las que puedo o quiero percibir.

Desde el descubrimiento de la energía negra y de la materia negra (o del postulado de la existencia de la materia negra) cuya composición sigue siendo desconocida para nosotros, sabemos que el 95 % de la materia del Universo se nos escapa. O sea, solamente podemos percibir un 5 % de lo que nos rodea. El vacío contiene energía, que es materia en estado virtual. La hipótesis de los mundos múltiples de Everett supone que todos los posibles se realizan simultáneamente con ocasión de la medición de uno solo. ¡Da vértigo!

En la medida en que la propia física cuántica piensa que, más que cosas y hechos, los objetos cuánticos forman más bien un mundo de potencialidades o de posibilidades, se refuerza la certeza de que nuestro mundo es ilusorio. ¿Es cuántico el cerebro? Hay científicos que formulan la hipótesis de que el cerebro podría comportarse como un ordenador cuántico, y que los procesos cuánticos podrían estar en el origen del surgimiento de la conciencia. Otros investigadores lamentan que estas hipótesis se presenten como hechos «pseudoestablecidos» en medios «pseudocientíficos», cuando este campo de investigación apenas está en sus comienzos.

Sin embargo, en el mundo del desarrollo personal estas teorías van viento en popa y proponen un enfoque cuántico o «pseudocuántico» muy apreciado por numerosos usuarios. Por ejemplo, los escritos y seminarios del médico estadounidense Joe Dispenza o el trabajo del físico cuántico ruso Vadim Zeland conocen un verdadero éxito.[21] Por mi parte, soy realmente fan de los trabajos de Vadim Zeland. Aunque todo esté aún por demostrar y aunque la transposición de la física cuántica al campo del desarrollo personal irrite a más de uno, entraría totalmente dentro del espíritu cuántico el dejar que cada experimentador materialice los posibles psicológicos que le convengan.

---

21. *Véase* Bibliografía.

Sin embargo, por muy fascinante que sea, la física cuántica tiene sus partes de sombra que *Sapiens* tendrá que asumir algún día. No se puede manipular el átomo impunemente.

«En Hiroshima, todos los físicos perdieron la inocencia, como Adán una vez que se hubo comido la manzana. Descubrieron que estaban desnudos, que no eran inocentes, que la investigación más pura podía ser mancillada por el mal absoluto sin que ellos se enteraran, sin que lo quisieran, sin que pudieran oponerse… La bomba atómica es el resultado ineluctable de los trabajos de los hombres más inteligentes, más desinteresados y más tranquilos». Jacques Neirynck[22]

En dos o tres décadas, la humanidad se dotó con los medios para cometer un suicidio colectivo. No se puede imaginar uso más aberrante de la ciencia ni mejor medio de desconsiderarla.

Para los que quizá aún duden del aspecto ilusorio del mundo de los humanos, la fuerza de disuasión que representan las políticas de sobrearmamento se sitúa claramente en una dimensión imaginaria. El señuelo de la disuasión nuclear, que pretende garantizar la paz mediante el exceso de armamento, descansa en el silogismo de que cuantas más bombas haya, menos riesgo hay de que estallen; es decir, que para mantener la vida hay que amenazarla, o sea, mostrarse determinado a desencadenar una catástrofe para evitarla. Este aberrante círculo vicioso muestra que *Sapiens* es un mono que ha evolucionado demasiado deprisa: cuando se supone que está en lo más puntero de la tecnología, todavía está ocupado en abombar el torso y golpearse el pecho lanzando gritos para intimidar al otro.

¿Por qué os he llevado tan lejos en la explicación de las implicaciones de la revolución cognitiva de *Sapiens*? Para que podáis comprender hasta qué punto es prisionero el hombre de su sistema sensorial, de su cerebro y de sus pensamientos, preso de esa realidad imaginaria que creó él para sí mismo y de la que ya no sabe cómo salir. ¿Cómo saber lo que es cierto, lo que es falso, lo que merece la pena y lo que no la merece? ¿Quién tiene razón y quién se equivoca? Aquello que un normopensante califica como contrario a la intuición no lo es forzosamente para un sobreeficiente, y viceversa. Puede que los normopensantes y los

---

22. Autor de *L'Illusion technologique, op. cit.*

sobreeficientes vivan en grutas distintas, pero me parece que ninguno de ellos puede pretender que ha salido realmente de la caverna y está viviendo al aire libre.

Hoy el ser humano está atascado en un mundo totalmente absurdo, incoherente, cada vez más virtual, peligroso, al borde de la autodestrucción. La próxima revolución de *Sapiens* ¿será sumirse en la locura?

Capítulo 4

Las angustias existenciales

Al acceder al pensamiento abstracto, al hacerse capaz de anticiparse, al aprender a establecer vínculos de causa a efecto, *Sapiens* en ciertos aspectos se simplificó mucho la vida. En otros, en cambio, se la complicó bastante. Pero, sobre todo, con esa misma ocasión se descubrió desnudo, vulnerable y mortal en un mundo peligroso y muy caótico. Así fue como tuvo el privilegio de convertirse en el único animal que siente angustias existenciales. Y esto es, con mucho, lo peor que le podía ocurrir. El que ha sentido alguna vez esas angustias sabe hasta qué punto son espantosas. Se las ha clasificado en cuatro grandes temas: la muerte, la soledad, la libertad y el sentido de la vida. La conciencia de estas últimas implicaciones es aterradora para todos los humanos. Es seguramente esta etapa de la evolución del hombre la que la Biblia describe como ese momento en el que Adán y Eva fueron expulsados del Paraíso por haber comido los frutos del árbol del conocimiento. El infierno se encuentra en nuestra mente.

Las angustias existenciales son una sima vertiginosa en la que todos tenemos miedo a caer porque de sobra percibimos que nos sumiríamos, más allá de la locura, en una desintegración psíquica más aterradora que la muerte. El espanto que de esto se desprende es tal que los humanos han tenido que instaurar poderosos mecanismos de defensa para protegerse de ese abismo mental. Todos hemos vivido alguna vez esa experiencia petrificante de habernos asomado en exceso al borde de ese barranco. En diferentes épocas de nuestra vida se nos han presentado una u otra de estas evidencias desestabilizadoras: *un día moriré. Soy el único responsable de mis actos y de mis opciones de vida. La vida (mi vida) no tiene ningún sentido.*

La angustia, paradójicamente, produce mucho más pánico que la muerte. Cuando tenemos una crisis de angustia, realmente tenemos la impresión de que nos vamos a morir o a volver locos a resultas de ella. Por eso los humanos siempre intentan disfrazar sus angustias en miedos. Por lo menos, nuestros miedos pueden fingir ser racionales. En su libro *Psicoterapia existencial*,[23] Irvin Yalom observa que los humanos están hasta tal punto sumidos en la negación de sus angustias existenciales que, incluso en terapia, ciertos psicólogos irán a buscar otros miedos «más profundos» bajo la angustia de la muerte (muy legítima sin embargo). Además, la angustia se vive en soledad. Vuestro entorno puede compadecerse de vuestro desasosiego, pero no puede ni comprenderlo ni vivirlo. En un mismo contexto, el miedo ofrece la ventaja de ser contagioso. Seguramente ya lo habréis observado, por cierto: cuando tenemos miedo, intentamos transmitirles ese miedo a los demás, porque necesitamos que los otros lo compartan para justificarlo. En lugar de dejarnos tranquilizar, haremos lo que sea para convencer a nuestro entorno de que ese miedo es legítimo.

Compartir los mismos miedos es algo curiosamente tranquilizador. Finalmente, la angustia está ligada a un sentimiento de impotencia. El miedo, por su parte, da por lo menos la ilusión de poder hacer algo. Disfrazar nuestras angustias de miedos nos tranquiliza y nos consuela. Eso explica seguramente por qué el gran cerebro del ser humano se pasa tanto tiempo fabricando miedos: simplemente para maquillar sus angustias.

No obstante, es legítimo el cuestionamiento sobre las últimas implicaciones de la existencia: ¿Quién soy yo en realidad? ¿Por qué o para qué estoy aquí? ¿Qué sentido puedo darle a mi vida? ¿Cómo vivir con la idea de que mi vida tendrá un final? ¡Excelentes preguntas!

Para contrarrestar la tetania provocada por estas cuestiones fundamentales, el ser humano instala las defensas mentales que le permitirán hacer como si aquellas no se plantearan. Por desgracia, los humanos sólo suelen conocer dos opciones: la verdad o la negación, que, de to-

---

23. *Véase* Bibliografía.

dos modos, son ambas igual de angustiosas. Cuando vas conduciendo por una carretera estrecha al borde de un barranco, negar la existencia del barranco da tanto pánico como calcular su profundidad. Pues con estas malditas angustias pasa lo mismo.

La mayoría de las personas eligen la negación: se mantienen a buena distancia del abismo e intentan cambiarse las ideas para olvidar su existencia. Charlamos, nos distraemos, nos contamos historias, pasamos tiempo juntos o nos escapamos metiéndonos en una adicción. En el lado opuesto, algunos prefieren la verdad: se asoman incansablemente por encima de la sima con un sentimiento de urgencia por encontrar cómo volver a llenarla, porque, bien lo sabéis, los problemas se hicieron para ser resueltos y cada pregunta tiene que tener su respuesta.

La terapia existencial, así como una mayoría de filósofos, tienden a darles la razón a los segundos y a considerar que la confrontación con las angustias existenciales es terapéutica. Pero hoy pocos humanos eligen esta opción. Se utiliza mucho más la huida hacia delante en la distracción. ¿Huir mediante la negación o afrontar la realidad? Da lo mismo, cada uno tiene que poder elegir el método que le convenga. Por eso tampoco tenemos nosotros que hacer terapia salvaje para imponer a los demás nuestra solución personal. Los sobreeficientes tienen una tendencia un poco excesiva a querer infligir la confrontación con las angustias existenciales a todo el mundo. Arrastran a la fuerza a los recalcitrantes hasta el borde del barranco y los obligan a mirar el vacío. En gran parte es por eso por lo que consiguen que los detesten. Los niños funcionan también así: sus incesantes preguntas despiertan intensas angustias en los adultos, pero, ante el malestar de los mayores, los pequeños comprenden muy rápido que hay que evitar hacer ese tipo de preguntas e incluso evitar hacérselas uno a sí mismo. En fin, no todos los niños lo comprenden, ni siquiera cuando ya se han hecho grandes. ¿Sientes que te estoy señalando? ¡Pues es verdad!

Ahora que hemos hablado de esto, toma distancia y obsérvate en situación: la mayoría de las conversaciones que intentas iniciar y que indisponen tanto a tu entorno giran alrededor de esas angustias existenciales. La mayoría de la gente huye desesperadamente de ellas mientras que tú rascas las costras hasta hacer sangre. Así que, sí, muchos eligen la opción de cambiarse las ideas para apartarse de su terror a la muerte. Vamos, haz un pequeño examen de conciencia: ¿cuándo fue la última vez que intentaste abordar uno de esos temas con alguien que no estaba preparado? Déjame adivinar: ¿anteayer como muy tarde? ¿Te das cuenta ahora de hasta qué punto puede eso ser violento para tu interlocutor si no lo solicita él? Ya que has decidido comprender los códigos sociales, es realmente importante que te intereses de forma sincera por la manera en la que uno puede manejar de modo diferente sus angustias existenciales. Deja de querer llevar razón. Después de todo, tanto si las hemos afrontado durante toda nuestra vida como si hemos huido de ellas, la salida será la misma para todo el mundo.

En el mundo neurotípico, para que no nos torturen preguntas sin respuesta, basta con que dejemos de hacérnoslas. Esto cae por su propio peso: es sano ponerle límites al propio pensamiento. Hay que parar en seco nuestro cuestionamiento en cuanto se vuelve inútilmente doloroso y dejar deliberadamente aparte los interrogantes vanos. Continuar activando uno sus arborescencias mentales por preguntas sin respuesta es estúpido, masoquista, incluso patológico. El mejor medio de gestionar esas angustias irresolubles es, pues, huir de ellas, olvidarlas y cambiarse las ideas.

Basta con distraerse y establecer vínculos con los congéneres. La distracción y la cohesión del grupo son fuente de consuelo y prenda de paz del espíritu. La negación individual de cada uno viene a incluirse en una negación colectiva. Cada uno alimenta el espacio de distracción de todos. Es así como se crea la sociedad de «diversión»: divertirse es, efectivamente, crear diversión y soltar, en el sentido de soltar el asunto. Eso es lo que la mayoría de las personas os invitan a hacer también. Con gentileza, muy a menudo, los normopensantes os proponen su método. Cuántas veces habéis oído: «¡No lo pienses más! ¡Pasa a otra cosa! No te devanes los sesos para nada. La vida es así». ¿Por qué no los habéis escuchado?

Fusional o heroico

La terapia existencial postula que, para manejar sus angustias existenciales, los humanos instalan mecanismos de defensa psíquicos «arcaicos». Me gusta mucho el enfoque concreto de Eudes Séméria[24] y sus apelativos de «defensa fusional» y «defensa heroica», que me dicen mucho más que los de «creencia en un salvador último» y «creencia en un sentimiento de particularidad» de Irvin Yalom.

La defensa fusional se organiza en torno al deseo de fundirse en el grupo y convertirse en un elemento de él. Implica cierto número de renuncias: renunciar cada uno a su individualización, a su originalidad, a su unicidad… El individuo fusional desarrolla una gran dependencia del grupo, delega sus opciones y sus responsabilidades. Para mantenerse cercano al grupo, se somete a una autoridad exterior y acepta poner el interés del grupo por delante del suyo propio. Esto implica parecerse a los demás, tener gustos e ideas conformes al número mayor. La defensa fusional se articula sobre cuatro rechazos: rechazo a crecer, rechazo a afirmarse, rechazo a actuar y rechazo a separarse.

La defensa heroica funciona casi de manera opuesta a la defensa fusional. El individuo heroico reivindica su unicidad, niega su vulnerabilidad y quiere realizar hazañas. En lugar de borrar los límites, se aplica en rebasarlos. A él no le da miedo ni vivir ni asumir su individualidad. Sus gustos son claros y rotundos, sus decisiones se toman de manera autónoma y asumida. Pero ahí donde lo fusional funciona sobre cuatro rechazos, él se apoya en cuatro ilusiones: ilusión de madurez, ilusión de importancia, ilusión de potencia e ilusión de autosuficiencia.

Esta necesidad de control y de autonomía puede llegar hasta el absurdo: preferir morir ejerciendo el control y en soledad antes que aceptar ser tratados con un tratamiento que nos obligue a delegar el poder y a encomendarnos al cuerpo médico. Si el cuerpo médico tuviera a bien salir del modo fusional y tomar en cuenta este mecanismo, podría ofrecerle al heroico lo que necesita: simplemente estar plenamente informado y asociado a su proceso de sanación. Algunos profesionales de la salud lo han comprendido.

Es raro que una persona sea totalmente uno u otro de estos perfiles, fusional y heroico. En general somos híbridos de los dos, y cada uno remite al otro, porque, por ejemplo, hay que ser muy inmaduro para

---

24. Autor de *Les Pensées qui Font maigrir* y *Le Harcèlement fusionnel*, en Ediciones Albin Michel.

creerse más maduro que los demás y muy ingenuo para creerse autosuficiente. En general hacemos muchas idas y venidas entre nuestro deseo de afirmación de nosotros mismos y nuestra necesidad de ser aceptados. Jacques Salomé dice que el humano se pasa toda su vida atascado entre sus dos necesidades vitales y contradictorias: la necesidad de afirmarse y la de ser aprobado, teniendo como fantasma inconsciente el ser aprobado cuando se afirma. Añade que «crecer» es poner la necesidad de afirmación por delante de la necesidad de aprobación. Pero, para una mayoría de personas, la prioridad seguirá siendo la aprobación de los demás.

Os propongo ahora ir que veamos cómo se declinan esas defensas psíquicas arcaicas en función de los temas existenciales: muerte, soledad, libertad y sentido de la vida.[25]

La angustia de la muerte

> «Muchas veces, los que tienen miedo a morir tienen miedo a vivir. Respiran con prudencia mientras les llega el final».
>
> JACQUES HIGELIN

Hace 45 000 años, *Sapiens* se descubrió mortal y tuvo que instaurar la forma de soportar esta idea. ¿Cómo lo sabemos? Fue al final del Paleolítico cuando se crearon el arte y la religión. A partir de esa época, a los muertos se les dio sepultura, las paredes de las cavernas se cubrieron de dibujos y de signos gráficos y aparecieron las joyas y las estatuillas. Existía la conciencia de la muerte, pero todavía no existía el miedo a que te mataran.

De esta época, los paleontólogos no han descubierto ningún esqueleto que llevara marcas de heridas producidas por armas. La propia lógica del paleolítico excluía la guerra. Los pequeños grupos de recolectores no tenían ni bienes que robar ni territorio que defender. En caso

---

25. El concepto de «Terapia existencial» ofrece pistas apasionantes de comprensión de lo humano. Si lo poco que os he dicho yo ha despertado vuestra curiosidad, os invito encarecidamente a explorarlo: ¡a vuestras arborescencias les va a encantar!

de conflicto, el grupo más débil optaba juiciosamente por ceder antes que provocar su propia degollina. Cuando el humano empezó a poseer tierras y bienes, comenzó también a tener razones para temer a sus congéneres. Pero el miedo a lo peor muchas veces se convierte en promesa de lo peor. A partir de cierto umbral de miedo, la amenaza ya no surte efecto. El humano se precipita hacia su miedo para exorcizarlo mediante su realización. Así fue como los hombres acabaron matándose mutuamente por miedo a morir. Multiplicaron por diez ese miedo, encerrándose cada día un poco más en un círculo vicioso de guerra y de enemigos. La escalada del armamento nuclear es la continuación lógica y la demostración de esto.

Jacques Higelin ha captado bien el proceso. Efectivamente, el fusional tiene la esperanza de que, impidiéndose vivir, se impedirá morir. El heroico, a su vez, se imagina que sobrevivirá a sus propios excesos. Sin embargo, existen medios más eficaces para transcender el miedo a morir.

He aquí diferentes maneras de sobrevivirse a uno mismo y de acceder a la inmortalidad:

- La reproducción: mis genes me sobrevivirán.
- La espiritualidad: sobreviviré a mi propia muerte.
- La creación: mi obra sobrevivirá a mi partida.
- La biología: me convertiré en otra cosa (polvo, compost, etc.).
- El trance: me diluyo en el instante presente. La muerte desaparece en la intensidad de la experiencia.

Hasta no hace tanto tiempo, el trance se utilizaba poco y más bien se reservaba para una élite religiosa o espiritual: el hechicero de la tribu, el derviche giróvago, el místico o el monje budista... A través de la práctica de la meditación o de la ingesta de sustancias alucinógenas, se está democratizando. Es una experiencia realmente iniciática, pero no siempre carente de riesgo...

La transcendencia mediante la biología también se está desarrollando: por ejemplo, entre el entierro en una cripta y la incineración, empiezan a emerger soluciones «bio», como ataúdes de cartón biodegradables o cementerios-bosque que te permiten transformarte apaciblemente en compost. Donar los órganos o el cuerpo a la ciencia es otra manera de hacer que perdure nuestra biología.

La creación es un medio poderoso de dejar huella de nuestro paso por el mundo. Los que crearon el Coliseo, el puente del Gard o el castillo de Chambord pueden mantenerse orgullosos de sí mismos a través de los siglos. Igualmente, Beethoven, cuyas sinfonías todavía nos estremecen, o Molière, que aún consigue hacernos reír casi 350 años después de su muerte. Quién sabe: a lo mejor, a ejemplo del *Arte de amar*, de Ovidio, mi *¡No tengo los códigos!* atravesará los milenios.

Para la mayoría de los humanos, la reproducción sigue siendo el medio más seguro y más agradable de perpetuarse. También es aquel sobre el que vuestro entorno va a presionar con más fuerza: «¿Cuándo NOS vas a dar un crío?». Los sobreeficientes suelen vivir mal esta insistencia. Ven en ella un mandato de meterse en la fila y obedecer a la norma. De manera inversa, la negativa categórica de algunos/as a tener hijos desestabiliza a sus interlocutores. Pero hoy se alzan numerosas voces para rechazar esa obligación de asegurar la propia descendencia. Después de todo, no reproducirse también puede ser un regalo que se le hace a la humanidad. Os invito a utilizar este argumento la próxima vez si vuestro interlocutor se pone muy pesado.

La espiritualidad tiene una función insustituible en la vida de los hombres: al darles una esperanza de sobrevivirse a sí mismos y una línea de conducta ética o moral, los transciende. Es lamentable que, desde hace más de 2000 años, se le venga acoplando de manera casi sistemática el fanatismo religioso. Seguramente todo comenzaría con alguna superstición: miedo y una necesidad de darles sentido a las catástrofes, mezclados con dudosos vínculos de causa a efecto. En aquel momento debían de estar muy próximos al pensamiento mágico infantil. «Si el pájaro vuela en esta dirección, entonces…». La superstición perdura desde hace 45 000 años. ¿Quién puede, hoy día, creer que está totalmente exento de ella? La superstición está muy cercana al pensamiento mágico infantil: «Si el semáforo se pone verde antes de que yo haya frenado, entonces…».

Después, al irse sofisticando sus capacidades de abstracción, *Sapiens* creó rituales mágicos ciertamente más elaborados, con la voluntad de manipular el destino. De esto es de lo que os hablé más arriba. Algunos andan todavía por ahí: la magia «negra» aterra a muchos humanos, yo lo constato de forma regular en la consulta. La magia «blanca», y todas sus declinaciones, también fascina. De la ley de la atracción al «secreto», pasando por la visualización creativa, cuenta con numerosos adeptos que piensan que «la magia» es cuando «el alma actúa».[26] Hemos visto en el capítulo anterior que la realidad en la que vivimos es tan imaginaria que, efectivamente, podemos remodelarla mucho con la sola fuerza de nuestro pensamiento.

Más tarde llegaron las religiones. Con su recreación de la historia de los humanos como relato, propusieron explicaciones simples y accesibles a los acontecimientos y códigos de conducta que permitían regular las relaciones sociales. Al principio, las religiones eran más bien animistas, después se hicieron politeístas. Los dioses estaban en su casa en todas partes: en la flor, la roca, el río o el canto de un pájaro. Luego, todo eso se jerarquizó y se localizó: los dioses en el Olimpo, las ninfas en los bosques y los ríos. Pero los dioses seguían estando en su casa y el hombre seguía siendo un intruso en su ámbito y, accesoriamente, un juguete de ellos. Las religiones politeístas son pacíficas, tolerantes y no proselitistas. Las cosas se estropearon cuando Dios se convirtió en el Único. En la doctrina monoteísta, Dios es el creador del Cielo y de la Tierra, de la vida y del hombre. El hombre fue hecho a imagen de Dios y fue llamado por él a reinar sobre la Tierra y a dominarla (Génesis 500 años a. C.). Una vez creado el hombre a su imagen, Dios se fue de casa. Creó el Universo para que pudiera funcionar sin su intervención. La Tierra es de los humanos, libres de sus actos y responsables, colocados ante su conciencia. Así, el monoteísmo aumentó la importancia de los humanos en detrimento del resto de lo vivo (animales y vegetales) que, por ello, quedó cosificado. La lengua rusa cosifica menos a lo vivo que las lenguas occidentales, porque hace distinción entre lo que está animado, o más exactamente «habitado por un alma», y lo que no lo está. En resumen, el monoteísmo consistió principalmente en echar a los dioses a la calle y agravó la tendencia humana a creerse propietaria de los lugares y libre de tratar a su antojo al resto de la Tierra y a sus ocupantes.

---

26. En francés, «la magie» (la magia) y «l'âme agit» (el alma actúa) suenan exactamente igual. (N. de la T.)

La intolerancia y el proselitismo aparecieron con el monoteísmo. Por ejemplo, los romanos politeístas masacraron a menos cristianos de los que masacraron los propios cristianos entre sí. Los monoteístas son fanáticos porque su dios tiene que ser el único, es una cuestión de jerarquía. También son fanáticos de la dualidad: bien/mal, cuerpo/espíritu, materia/alma… Después de años de imperar sobre el espíritu y la mente de los humanos, las religiones hoy día están perdiendo poder. Paralelamente, la apertura al mundo y a las demás culturas ha permitido la emergencia de la espiritualidad, vía otrora reservada a algunos elegidos, tocados por la gracia o comprometidos en estudios teológicos. Además, los progresos de la medicina han permitido reanimaciones muy adelantadas, y por lo mismo han generado experiencias místicas de las que algunos han regresado transformados. Estos progresos médicos también han vuelto a impulsar el cuestionamiento: ¿qué ocurre después de la muerte clínica del cuerpo? ¿Estamos verdaderamente muertos?

La religión sitúa a Dios fuera del hombre. Funciona con una doctrina, con leyes, y se impone mucho más mediante la culpabilización, la amenaza de castigo y la promesa de recompensa que por la responsabilización. Incita al temor y a la sumisión, también a la negociación, pero globalmente unifica la manera de pensar de los fieles y participa en la cohesión del grupo. Lo que propone le conviene mucho al fusional, que está metido en esa búsqueda de unión y de sumisión.

En cambio, la espiritualidad es una búsqueda personal, hecha de dudas, de preguntas y de reflexión. Incluye equivocarse de camino y también malos encuentros, porque su camino está menos balizado, pero conduce a la fe, al éxtasis y a un dios tan interiorizado que ya no es necesario negociar con él. Esta búsqueda evidentemente le conviene más al heroico, que quiere ser especial y formarse él su propia opinión. Pero, allí donde la religión reúne, la espiritualidad aísla. Por eso hay que dejar a cada uno seguir el camino que más le convenga.

El terror a la muerte, por su omnipresencia y su intensidad, moviliza en cada uno de nosotros una considerable proporción de energía vital, mayoritariamente utilizada para activar las defensas arcaicas de la negación y pensar en otra cosa. ¿Es por eso por lo que los normopensantes tienen globalmente menos energía que los sobreeficientes, que se atreven a afrontarlo? Los neurotípicos hablan muy poco de la muerte y utilizan fórmulas convenidas y muy convencionales para dar el pésame: «No ha sufrido, la vida continúa…». Enseguida se habla de otra cosa y entonces ya resulta inoportuno regresar al tema. Sí, sí, todo el mundo sabe que es triste perder a alguien cercano, pero cuando estás en duelo tienes que mantener la dignidad y no lastrar el ambiente general con tu dolor. Recuerda: no llorar es dar muestra de tacto. Y al contrario, es igualmente grosero incitar insistentemente a tu interlocutor, que está de duelo, a que exprese su pena. ¿Quieres provocar que se le caiga la cara de vergüenza obligándole a estallar en sollozos en público? ¿Comprendéis ahora hasta qué punto vuestra empatía puede ser invasiva y vuestra compasión engorrosa? En su novela *Stupeur et tremblements*,[27] Amélie Nothomb cuenta cómo su superiora jerárquica sufre una humillación por parte de su jefe. A resultas del altercado, la mujer se refugia en los aseos para llorar a cubierto de las miradas. Amélie se va cándidamente tras ella, con idea de aportarle su apoyo y su consuelo. Pero su compañera no cree en la amabilidad de Amélie y está convencida: si la ha seguido hasta los aseos es solamente para deleitarse viéndola derrumbada y añadir una humillación adicional a la que acaba de sufrir. Eso la hará concebir un odio y una sed de venganza inextinguibles.

Así, a veces vuestra benevolencia natural puede alcanzar el objetivo inverso y hacer que os detesten aún más. Estad muy atentos y mantened atada en corto vuestra necesidad de consolar. Igualmente, dejad de hablar de la muerte con el primero que llega, como si se tratara de un tema «como cualquier otro». Para algunos, la muerte es realmente un tema tabú.

Ghislaine me cuenta: «Desde que hablamos de todo esto, he comprendido muchas cosas. Justo después de nuestra sesión, estuve un buen rato al teléfono con una amiga. Mientras estuvimos hablando de todo y de nada, fue estupendo. Pero antes de colgar quise confiarle que había perdido recientemente a mi tío, al que tenía mucho cariño. Y ahí vi claramente que ella no sabía cómo manejar la información. Tartamudeó unas cuantas fórmulas de cortesía y colgó enseguida. Antes me habría herido su falta de empatía. Pero esta vez simplemente descodifi-

---

27. NOTHOMB, Amélie, *Stupeur et tremblements*, Albin Michel, 1999.

qué que a ella la incomoda mucho el tema de la muerte y que mi confidencia la desestabilizó».

Los sobreeficientes piensan que si ocultamos la muerte y huimos de nuestra realidad a base de distracciones, perdemos la autenticidad, nos marchitamos y desperdiciamos nuestra vida. El pensamiento filosófico converge hacia la misma constatación: afrontar nuestras angustias nos lleva hacia más autenticidad y más intensidad. Esto puede parecer paradójico. Cuanto más conscientes somos de ser mortales, más –intensamente– vivos nos podemos sentir. Pero, después de todo, una vez muertos, ¿qué importancia tiene haber sido auténticos o no, haber vivido intensamente o con restricción? Dejad que cada uno elija su defensa psíquica. Y para poner a todo el mundo de acuerdo, a fusionales y heroicos, espirituales, religiosos y ateos, quisiera compartir con vosotros este extracto de un magnífico poema de Fernando Pessoa:[28]

Cuando llegue la primavera,
si ya me he muerto,
las flores florecerán de la misma manera
y los árboles no serán menos verdes
que en la primavera pasada.
La realidad no precisa de mí.

La angustia de la soledad

«Dormimos unos apretados contra otros, vivimos unos con otros… pero al final, nos damos cuenta de que siempre estamos solos en el mundo».[29]

STARMANIA

---

28. Fernando Pessoa, «Lorsque viendra le printemps» («Quando vier a Primavera», 1915). Extracto de la antología *Le Gardeur de Troupeaux*, Gallimard, 1960.
29. Extracto de la canción *On dort les uns avec les autres*, de Starmania, escrita por Luc Plamandon y Michel Berger en 1980.

Es extremadamente reconfortante creer que podemos contar unos con otros aunque todos seamos igual de vulnerables. El ser humano es un animal gregario. Está hecho para vivir en grupo y sabe muy bien que sin el socorro del grupo, muere. Por eso tememos todos visceralmente la soledad y el rechazo de los demás. Esa soledad angustiosa es, sin embargo, inherente al estatus de humano consciente: nazco solo, muero solo, pienso solo.

- Estoy solo físicamente, es decir, que yo soy el único que habita mi cuerpo. Mi aislamiento es estructural. Cuando mejor me doy cuenta de que nadie puede compartir mi sufrimiento es cuando caigo enfermo o sufro algún daño. El que se haya dado alguna vez un golpe contra un mueble con un dedo del pie puede sentir compasión por mí, pero en ningún caso sentir conmigo la agudeza del dolor.
- Estoy solo mentalmente. Me es imposible compartir mi contenido psíquico. Condenado por esa maldita revolución cognitiva a tener un inmenso reino mental en mi caja craneana, reino yo solo sobre la extensión de mis cogitaciones y no puedo comunicar a los demás sino una ínfima parcela de ellas (ni siquiera siendo escritor). Ciertamente esto es lo que más hace sufrir a los sobreeficientes, cuyo complejo pensamiento crea tantas catedrales mentales cinceladas, esculpidas, refinadas: ¡qué frustración no poder hacer que los demás las admiren y las visiten!

Para encauzar esta angustia existencial, los mecanismos arcaicos de protección mental ofrecen de nuevo estas dos opciones, también igual de ilusorias ambas: la de poder fusionarse con el grupo y la de convertirse en un héroe solitario, que puede contar con su propia autonomía. Pero no todos manejamos esta angustia del mismo modo, porque existen de hecho varias formas de soledad que se combinan entre sí:

- La soledad real: cuando estamos físicamente solos;
- La soledad psíquica: cuando estamos en nuestra burbuja, incluso en medio de los demás;

- La soledad-recurso: la que permite recargar las pilas y que les encanta a los introvertidos;
- La soledad-angustia: que sentimos como aislamiento y que nos hace sumirnos en una nada aún más angustiosa que la muerte.

A estas diferentes formas de soledad se añade el aspecto «soledad elegida» o «soledad sufrida».

Ya veis que las combinaciones posibles son múltiples: solo solísimo, solo dentro de la cabeza, solo pero no aislado, solo y contento de estarlo o desesperadamente solo, de todas las maneras a la vez, en un mundo que no nos comprende y que no nos corresponde. Es así como la soledad puede convertirse en una opción por defecto: sufrimos terriblemente de ella, pero es la solución «menos mala» porque evita que nos hieran sin cesar la indiferencia, el rechazo y la incomprensión de los demás. Por desgracia, a falta de haber podido comprender los códigos sociales, muchos sobreeficientes que sufren demasiado se repliegan así sobre sí mismos, agravando sin saberlo ni quererlo su marginalización.

Evidentemente, si no nos angustiara tanto, todos soñaríamos con poder manejar nuestra soledad con serenidad, de tal modo que la convirtiéramos de forma sistemática en un espacio de renovación. Por desgracia, los humanos viven con más frecuencia la soledad con desasosiego.

Cuando la soledad se vuelve aterradora

Una de las peores soledades que puede experimentar el ser humano es el aislamiento: es una soledad-desasosiego físico, mental y padecido. Recordad lo que os dije de esto en el capítulo *Las conversaciones de salón* a propósito de los trabajos de Éric Berne: el análisis transaccional ha desarrollado esa noción de *stroke* como una de nuestras necesidades vitales, a la misma altura que el aire, el agua, el alimento y el sueño. En el aislamiento, estamos más allá de la simple «retirada» protectora. Sin ningún signo de reconocimiento, el ser humano se vuelve loco y se sume en una nada más aterradora que la muerte. Por cierto, esto las dictaduras saben utilizarlo como medio de tortura.

El terror de dejar de existir es muy diferente al terror de morir, el cual está asociado a un sentimiento de estar vivo. Dejar de existir es desintegrarse y es peor que morir. Nos suicidaremos más a menudo para escapar de la nada que para escapar de la vida. En ese espacio de nada en el que corremos el riesgo de desintegrarnos, no queda otra cosa más que las adicciones como solución para no volvernos locos. La adicción procura una soledad serena artificial. Durante mucho tiempo hemos creído que la adicción procedía únicamente del poder adictivo de las sustancias correspondientes, sin preguntarnos por otro lado cómo podía funcionar eso cuando la adicción se refiere al juego, al sexo o a las compras compulsivas.

En 1978, el psicólogo canadiense Bruce K. Alexander desarrolló un estudio titulado *Rat Park*. En él demostró que las ratas solamente se volvían adictas a la heroína en aislamiento y sometidas a estrés. Bien alimentadas, en una jaula espaciosa que tenía tantas distracciones como una feria y rodeadas de encantadoras congéneres, las ratas desistían de la pipeta distribuidora de heroína. Este estudio confirma que la calidad de las interacciones sociales juega un papel capital en el desarrollo, o no, de los comportamientos de dependencia afectiva y de adicciones.

En su libro *L'Incapacité d'être seul*,[30] Catherine Audibert va más lejos. Habla de un «repliegue adictivo» que funciona como una serpiente que se muerde la cola. Se trata de una estrategia inconsciente para sobrevivir sin el otro, utilizada por el que ha «sufrido la prueba de la soledad» convenciéndose de su omnipotencia. ¡En este caso, estamos más allá de la defensa heroica! La autora habla de un «aislamiento defensivo costoso y mortífero» que impide acceder a la auténtica soledad-recurso. ¡Qué angustia en ese proceso!

La relación cárcel

«Siempre he pensado que lo peor que le podría ocurrir a uno en la vida era terminarla solo. ¡Pues no! Lo peor es terminar uno su

---

30. AUDIBERT, Catherine, *L'Incapacité d'être seul*, Payot, 2008.

vida rodeado de personas que nos hacen sentir que estamos solos».

ROBIN WILLIAMS

Para aquel o aquella que funciona en modo defensa fusional, escapar del pánico generado por la soledad implica adoptar la lógica siguiente: «Mejor mal acompañado que solo». Es también una forma de adicción en la que el otro sirve de droga. Esa necesidad del otro a cualquier precio abre la puerta a los predadores y deja el campo libre a todas las formas de violencia. Y además, desgraciadamente, en nada resuelve el problema inicial. El sentimiento de soledad o de aislamiento puede ser tan objetivo como subjetivo. Los manipuladores logran la proeza de colocarnos, con su sola presencia, en una gélida soledad. Detrás de la pretensión de afecto que exhiben, se comportan como carceleros y velan por apartar de nosotros cualquier potencial fuente de afecto o, simplemente, de calor humano. Robin Williams tenía razón: vivir con un manipulador o una manipuladora es, efectivamente, la peor de las soledades.

La soledad recurso

En el lado opuesto a la soledad aterradora está la soledad recurso, la que le permite a uno recargar las pilas, sentir su unicidad, saber quién es y lo que quiere. ¡Qué agradable tiene que ser poder no experimentar otra soledad que ésta! En mi opinión sólo es realmente capaz de eso un pequeñísimo número de humanos, pero se puede aprender. El objetivo es transformar el vacío interior anonadante, devastador, en un vacío de reposo, restaurar un área de soledad bienhechora.

Nunca estoy solo/a en mi agradable compañía

La soledad física es la preferida de los introvertidos: les encanta y los renueva. Corresponde a la «retracción» del análisis tradicional, esa fase durante la cual podemos clasificar y digerir los signos de reconocimiento anteriormente recibidos. Los sobreeficientes la conocen bien: es un espacio de tranquilidad sensorial, un momento en el que ya no tienen miedo a meter la pata, a generar una incomodidad en el grupo, en el que por fin están a cubierto de las críticas y de las miradas reprobatorias. Sin embargo, pienso que, para muchos, es una elección por defecto. A pesar de todo preferirían estar rodeados de personas voluntariosas y sentirse a gusto en sociedad.

La capacidad de estar serenamente solo exige haber interiorizado un «buen entorno», es decir, estar en paz consigo mismo. Ahora bien, con demasiada frecuencia, pasados los primeros instantes de alivio, en su soledad física los sobreeficientes se encuentran frente a su tirano interior que les hace un informe despiadado de sus meteduras de pata y sus infracciones. ¡Es humillante! Pasar la velada en compañía de ese fiscal de implacable requisitoria no es de las cosas más reconfortantes. La soledad serena implica, pues, haber aceptado quiénes somos y no quedarnos focalizados en quiénes habríamos querido ser, no culparnos por nuestras carencias y saber felicitarnos por nuestros puntos fuertes. En resumen, haber hecho las paces con nosotros para poder finalmente ser una excelente compañía para nosotros mismos. No hago más que decíroslo: ¡despedid a vuestro tirano interior!, ¡convertíos en vuestro mejor amigo! Entonces, vuestros momentos de soledad física se convertirán en espacios de renovación. Escribo también este libro para que podáis estar en paz con vuestras «meteduras de pata», que pronto podréis comprender, o sea, evitar o asumir.

Uno en su burbuja en medio de los demás

Cuando llegamos por fin a alcanzar esa quietud de estar en paz con nosotros mismos, podemos desarrollar una aptitud nueva para estar, asimismo, serenamente solos en medio de los demás. Poder aislarnos mentalmente sin aislarnos físicamente, en una soledad-burbuja, rodeados no obstante de las personas que nos aman. Poder ocuparnos de nuestras obligaciones personales, concentrarnos en una tarea o una lectura, sin sentirnos descorteses, sin preocuparnos por nuestro entorno, sin que nos distraiga la agitación exterior. La presencia de los demás se convierte en una seguridad que a uno le permite aposentarse. El exterior no genera interferencias susceptibles de desconcentrar. Así, ciertos escritores se instalan en la mesa de un bar para escribir. El barullo que les circunda les sirve de cámara de aislamiento sensorial y activa su creatividad. Pero hay que señalar que en esos casos se instalan en medio de desconocidos. ¡Nunca podrían mantener una concentración suficiente para escribir teniendo amigos alrededor de ellos en una terraza!

Cuando uno es hiperestésico, quedarse en su burbuja en medio de los demás resulta muy complicado. El ruido, el movimiento y la gente son otras tantas distracciones que dispersan la atención. La hiperestesia va acompañada neurológicamente de un «déficit de inhibición latente». Ahora bien, ese déficit impide hacer abstracción del barullo y de la agitación que nos rodea. Una simple música como fondo sonoro puede convertirse en un suplicio. Por otra parte, aunque la mayoría de las personas neurotípicas poseen esa inhibición latente, se alzan cada vez más voces para denunciar el aspecto estresante y agotador de las «contaminaciones» visuales, sonoras y sensoriales, en particular en los espacios abiertos de las empresas. El mundo normopensante cree con demasiada frecuencia que el ruido y la agitación incesante son signos de vida y de alegría. Buena necesidad tendría de aprender de nuevo a asentarse y a escuchar el silencio y el canto de los pájaros.

Esta soledad-recurso en medio de los demás exige asimismo tener un ego suficientemente fuerte como para mantener uno su firmeza e interactuar con el grupo en un buen término medio entre fusión e individualismo. Cuando se tiene un ego demasiado débil y se está demasiado centrado en el exterior, demasiado atento a los demás, a sus juicios, a sus emociones y a sus necesidades, esa soledad-recurso es prácticamente inaccesible. Las interferencias son inevitables. Mantenerse sereno al lado de una persona estresada o conservar el buen humor en un ambiente negativo se vuelve una misión imposible.

Finalmente, la soledad-recurso en medio de los demás no deja de ser extremadamente difícil cuando uno no se siente en sintonía con ellos, tiene miedo a su rechazo y se expone en todo momento a meter la pata sin saberlo. Los sobreeficientes viven impresiones de invasión con la simple presencia de alguien ajeno, y deben mantenerse en alerta. Al otro, en esos casos, se le vive como alguien invasor y hostil, salvo si se es voluntarioso de forma ostensible. Muchas veces los sobreeficientes se sienten psíquicamente muy solos y físicamente invadidos.

A mí me parece que, debido a su constante desfase respecto de los demás, los sobreeficientes solamente tienen acceso a la soledad-recurso en medio de los demás si transcienden el proceso en un nivel espiritual: sentir que se pertenece a la humanidad, a lo vivo, al todo… Amélie Nothomb cuenta que ella se disuelve como una tableta efervescente en el gentío de Tokio. Yo, cuando me acomodo en la terraza de un café y miro pasar a la gente, tengo la impresión de que adivino su vida (¡no siendo que me la invente!). Pero en esos momentos siento que pertenezco a un todo y tengo la impresión de amar a toda la humanidad. Me fundo en un amor universal muy cercano, con seguridad, al comprimido de Amélie. «Me encanta mirar bailar a la gente», canta Philippe Katherine, que probablemente se conecta con la alegría que les procuran a los humanos la música y el movimiento. Otros me dicen que se enternecen mirando dormir a la gente, como animalillos que resultan conmovedores en su abandono al sueño, u observarlos divirtiéndose en un parque de ocio, como nutrias despreocupadas. Por todos esos medios puede uno sentirse conectado a la humanidad.

Evidentemente, los humanos buscan antes que nada huir de su soledad en una relación de pareja. Podríamos decir que la relación amorosa es la primera y la más universal de las adicciones contra la angustia y la soledad. Pero las relaciones simbióticas anudadas sobre el miedo a estar solo están destinadas al fracaso, porque son poco auténticas. Esto explica quizá el número actual de divorcios.

Amar al otro realmente, de forma sincera, reposa en la capacidad de ser uno mismo en una soledad serena. Cada miembro de la pareja tiene que vivir plenamente su unicidad para poder acoger la del otro.[31]

En la gestión de su soledad y de las interacciones sociales, los normopensantes y los sobreeficientes parecen situarse en movimientos prácticamente inversos. El sobreeficiente es más susceptible de experimentar la soledad-desasosiego. Su dificultad para crear un vínculo social nutritivo con los neurotípicos le sitúa en una nada dolorosa, inclu-

---

31. Para explorar este tema, podéis leer *Réussir son couple*, de Christel Petitcollin, en Eds. Jouvence (2005).

so en medio de los demás, quizá incluso más aún en medio de los demás. Su repliegue en la soledad-refugio tiene más de técnica de supervivencia que de deseo de estar solo. Por falta de conocimiento y de reconocimiento de quién es realmente, desarrolla un déficit de ego que le quita toda firmeza en la interacción. Por eso, tanto en la soledad física como en medio del gentío, se siente desperdigado, hecho mil trozos que ya no consigue reunir. «¡Tengo la impresión de ser un caleidoscopio!» me han dicho muchas veces los sobreeficientes en sesiones de terapia. Muy solos, demasiado solos, cultivan un sentimiento de carencia y de nostalgia de una relación que les colmase. Eso agrava el desfase con el posible relacional que tiene el mundo para ofrecerles.

Los normopensantes han resuelto la ecuación renunciando a compartir su contenido psíquico y conformándose con una presencia física. Esta manera de crear vínculos, a fin de cuentas, está muy adaptada. Al haber integrado mejor la obligación de mostrarse sociables cueste lo que cueste, pueden huir de la soledad física y conformarse con vínculos codificados y convencionales. ¿Les producen por ello las interacciones sociales tanta renovación como parece desde fuera? Sí, seguramente. La defensa fusional evita sentirse solo y triste. Los neurotípicos están a cubierto de esa soledad que para el punto de vista sobreeficiente es la más dolorosa: la que incluye la imposibilidad de compartir uno su contenido psíquico con los demás. Cuando uno suscribe el relato colectivo y el pensamiento único, cuando uno ha delegado ampliamente el hecho de reflexionar, la pregunta ya ni se formula. Se experimenta el confort y la seguridad de pensar como el grupo.

No obstante, para manejar del mejor modo esta angustia de soledad, afrontarla es asimismo la mejor solución. La capacidad para aceptar uno su destino de estar solo y de ser mortal permite organizar la propia existencia de manera más satisfactoria. Por eso, para concluir este tránsito por la soledad existencial, quisiera compartir aquí unas líneas más escritas por Fernando Pessoa, porque me dan escalofríos de placer y están totalmente en sintonía con lo que acabo de escribir:

«La libertad es la posibilidad de aislarse. Eres libre si puedes alejarte de los hombres sin que te obliguen a buscarlos la necesidad de dinero o el instinto gregario, el amor, la gloria o la curiosidad, cosas todas ellas que no pueden encontrar alimento sino en la soledad o el silencio. Si te es imposible vivir solo, es que naciste esclavo. Puedes poseer todas las grandezas del alma o de la mente: eres un esclavo noble o un lacayo inteligente, pero no eres libre».[32]

La angustia de la libertad

> «No obedecer a nadie es un placer mayor que mandar a todo el mundo».
>
> Cristina de Suecia

El ser humano es libre, mucho más libre de lo que él cree, mucho más libre de lo que querría saber. Soñar con libertad es delicioso; afrontar esa realidad es terriblemente angustioso, porque la libertad es indisociable de la responsabilidad. Si el hombre es libre, entonces sólo él puede decidir lo que va a hacer con su vida. Debe asumir sus elecciones, responder de sus actos, afrontar sus errores y rendir cuentas sobre sus inacciones. La conciencia humana es doble: permite elegir y actuar; también permite mirarse uno mientras hace y tener una opinión sobre sus propios comportamientos. Si soy libre, soy responsable. Responsable de todo, incluidas mis negativas a hacer, que ya no puedo disfrazar como impedimentos o incapacidades para actuar. Cuando digo «no puedo», «no lo logro» o «es más fuerte que yo», en lenguaje libertad esto se traduce por «no quiero», «no intento aprender» y «no quiero cambiar». Cuando planto cara a mi conciencia, también soy responsable de lo que no quiero ver y de lo que no quiero saber. Sí, todo esto es muy angustiante. Igualmente, soy libre de respetar las reglas tanto como de infringirlas. Pero atreverme a transgredirlas me hace tomar conciencia de su ausencia de fundamento. Todo es arbitrario. Precisamente esa ausencia de una base que contiene y da seguridad es lo que le da ese vértigo angustioso a la libertad.

---

32. Extracto de: Fernando Pessoa, *Le livre de l'intranquillité* (1982), Christian Bourgois Éditeur, 1988.

Según su costumbre, el ser humano manejará esa horrorosa angustia activando sus defensas arcaicas. El heroico, embutido en su ilusión de madurez, pretende asumir todas las responsabilidades, incluso las que no le conciernen. En los casos extremos, se siente responsable de los demás y del funcionamiento del mundo. Como eso pesa demasiado, al heroico le gustaría que cada uno recuperase su parte de responsabilidad. Se dispersa entonces en sus combates contra la injusticia, atropella a su entorno para obligarle a cambiar y se agota intentando probar que hace bien en asumir todo eso él, frente a gente que, por su parte, ha elegido el método inverso: la defensa fusional. Os recuerdo que ésta se organiza alrededor de cuatro rechazos: rechazo a crecer, rechazo a afirmarse, rechazo a actuar y rechazo a separarse, a los que podríamos añadir ahora el rechazo a saber, el rechazo a comprender y, sobre todo, el rechazo de asumir la responsabilidad de la propia vida. Ser libre, o sea, responsable de sí mismo y de su devenir, no le conviene en absoluto al fusional, que ha decidido quedarse en una posición de niño y no asumir nada.

En su *Discurso de la servidumbre voluntaria*, Étienne de La Boétie se asombra y se subleva por el servilismo humano: «Es increíble ver cómo el pueblo, en cuanto está sometido, cae de pronto en un olvido tan profundo de su libertad que le es imposible despertarse para reconquistarla: sirve tan bien y de tan buen grado que se diría al verlo que no ha perdido su libertad, sino ganado su servidumbre».

Étienne de La Boétie es el ejemplo tipo del sobreeficiente apasionado que no ha comprendido nada de los códigos sociales y que desde luego ha estado a punto de atraer sobre sí grandes contratiempos. En sus fogosos dieciocho años, escribió una disertación especulativa basada en una bonita utopía humanista y cuyo estilo parece ampliamente inspirado en sus lecturas de epopeyas antiguas. Debió de obtener de ello un gran placer intelectual. Es algo hermoso, noble e idiota. Porque, si bien no tenía ninguna intención panfletaria, sus contemporáneos más prosaicos vieron en esos escritos una alusión directa a los acontecimientos políticos de la época: la rebelión de Burdeos de 1548, severamente reprimida por el condestable de Montmorency. Una crítica real del Gobierno habría podido arrojar a Étienne de La Boétie al fondo de una mazmorra o, peor, acabar colgando en el extremo de una cuerda,

¡él, a quien ante todo le gustaba filosofar! ¿Cuántos sobreeficientes podrían reconocerse en esa falta de prudencia?

La cobardía y la sumisión del hombre no dejan de interpelar a los filósofos desde la Antigüedad, pasando por La Boétie y hasta, más recientemente, psicólogos como Stanley Milgram. Su famoso experimento sobre la obediencia demostró que más del 70 % de los humanos son capaces de torturar por simple espíritu de sumisión. Esto es éticamente muy perturbador.[33] Lawrence Kohlberg[34] es otro psicólogo que, esta vez, demostró que solamente hay un 30 % de la población que se pregunte sobre la pertinencia de las leyes y que ya sólo queda un 15 % de gente que sea capaz de transgredir las leyes por ética. Otros experimentos sobre el conformismo social demuestran hasta qué punto sincronizan los humanos sus comportamientos con los del grupo. La mayoría de los humanos prefieren equivocarse con el grupo antes que llevar razón contra él y hacen lo que sea para no desmarcarse. Así, es particularmente divertida la experiencia realizada por el psicólogo polaco Solomon Asch en un ascensor, filmada y emitida en la televisión estadounidense en 1962. Los ocupantes de un ascensor se giran en un sentido, en el otro, se quitan el sombrero y se lo vuelven a poner. En un mimetismo instintivo, los cobayas se sincronizan sin reflexionar, más atentos a hacer lo mismo que los demás que a cuestionarse la pertinencia de la acción.

Étienne de La Boétie, interrogándose sobre qué es lo que empuja a un hombre a renunciar a su libertad y someterse a un tirano, hace notar de paso que el tirano en general suele ser poco impresionante físicamente y que no daría la talla ante varios hombres con determinación, y menos aún ante una muchedumbre airada. Entonces, ¿cómo hacen esos «tiranos» para dominar a millones de individuos? Yo pienso que ha tomado el problema al revés: ¿y si fuera el grupo el que designase a su líder, en un frenesí por encontrar cómo desembarazarse de sus responsabilidades y a quién endilgárselas? Después da lo mismo que el tirano sea de

---

33. Este experimento, referenciado con el nombre de «Experimento de Milgram», dio lugar a numerosos artículos y reportajes fácilmente accesibles en Internet.
34. Lawrence Kohlberg (1927-1987), psicólogo estadounidense creador de una escala de la evolución del sentido moral.

apariencia frágil o sólida. Dentro de esta lógica, podemos preguntarnos cuántos reyes aceptaron reinar a regañadientes y cuántos, siguiendo el ejemplo de Cristina de Suecia o de Eduardo VIII de Inglaterra, se atrevieron a abdicar. ¿No estarán los reyes igual de sometidos al sistema que sus súbditos? Desde un punto de vista sistémico, si son más de un centenar de personas, a un grupo ya no se le puede regular únicamente mediante el cotilleo. Necesita un jefe o un chivo expiatorio (también llamado integrador negativo, eso lo dice todo), y muchas veces el jefe, por cierto, acumula las dos funciones. El jefe no es más que el elemento del sistema que sirve de estandarte, de cordel que sujeta el ramo, y que hace la función de regulador, canalizando y repartiendo las energías del grupo. Por ejemplo, en ciertos casos de acoso, nos damos cuenta de que es el grupo el que incita al agresor a actuar, y que éste obedece al mandato de acosar para que no se les caiga la cara de vergüenza. No hay que pensar que el trono es el mejor lugar. Es un asiento eyectable. El líder debe tener en cuenta las expectativas del grupo. Está siempre expuesto a la crítica y está en peligro permanente de ser derribado y linchado. Extrañamente, todo el mundo sabe que la posición de líder es poco envidiable. Los empleados critican abundantemente a su dirección; no obstante, cuando se les pregunta, pocos de ellos quisieran ser jefes.

Ya veis hasta qué punto podemos, a fin de cuentas, elegir, más o menos libremente, renunciar uno a su libertad por comodidad. Frank Farrelly[35] emitía incluso la idea de que el internamiento en un hospital psiquiátrico le permite a uno zafarse de sus responsabilidades de adulto, de las de tener que ganarse la vida, pagar sus impuestos y asumir sus actos. Su hipótesis era que, al precio de un poco de comedia (que el paciente puede también interpretar para sí mismo), es posible encontrar una forma infantil de que se ocupen de uno y estar a cubierto del estrés que supone la toma de decisiones. Encontramos el mismo mecanismo de irresponsabilización en la cárcel o en el convento. Finalmente, en esos lugares, el individuo está alimentado, alojado y al abrigo de

---

35. Frank Farrelly (1931-2013) es un psicólogo estadounidense y el fundador del método «Terapia provocadora» en el que me formé yo. Os invito encarecidamente a descubrirlo a través de su libro *La Thérapie provocatrice*, en Ediciones Le Germe.

los que están fuera. Es así como ciertos maleantes vuelven a la cárcel en cuanto les es posible para estar protegidos de los ajustes mafiosos de cuentas.

Muchas veces nos refugiamos detrás de las reglas y las leyes para evitar estar en contacto con ese angustioso libre albedrío. En ese caso, ¿no se trata ante todo de delegar nuestro sentimiento de impotencia? Éste es, por ejemplo, el caso cuando acudimos a la justicia. Una vez fracasadas nuestras tentativas de conciliación amistosa, nos remitimos a una instancia superior que lo zanjará por nosotros. En su libro *Que faire des cons?*, Maxime Rovère[36] describe este mecanismo: «En efecto, tenemos un deseo teóricamente perverso de sumisión, y no nos faltan razones. La sumisión se impone a nosotros como un recurso para sacarnos de la impotencia o, de manera más precisa, para hacer que cese nuestra desazón (o angustia, o vergüenza, cada uno tiene su manera de reaccionar) frente al sentimiento de la propia impotencia — lo que a partir de ahora llamaré nuestra insuficiencia—». Añade que cuando hemos encontrado en quién delegar nuestra impotencia, «el alivio es tan intenso que la sumisión se acompaña de una fuerte dosis de placer».

La incapacidad humana para asumir su libertad y esta voluntad de delegar nuestra responsabilidad son el terreno abonado de los juegos psicológicos del triángulo dramático víctima, verdugo, salvador. «¡Yo no he hecho nada! Eres tú quien...». «Por tu culpa, a no ser por ti...» Mientras la humanidad escoja marinarse en su inmadurez, su condena cotidiana será la negatividad generada por esas transacciones en el curso de las cuales uno intenta sobre todo rechazar su parte de responsabilidad.[37] Dicho esto, a muchos les parecen excitantes y deliciosas esas disputas dramáticas. Os recuerdo que tener problemas os da importancia y de qué hablar. El triángulo dramático procura también intensos signos de reconocimiento, ¡no lo olvidemos! Jacques Salomé, siguiendo el ejemplo de Maxime Rovère, observa que hay un placer erótico puro

---

36. Rovère, Maxime, *Que faire des cons ? Pour ne pas en rester un soi-même*, Flammarion, 2019.

37. Para comprender el funcionamiento de estos juegos psicológicos, podéis leer *Victime, bourreau, sauveur: comment sortir du piège*, de la misma autora, *op. cit.*

en quejarse, en gemir y en creerse reducido a la impotencia. Entonces, ¿por qué privarse?

Pero volvamos a poner las cosas en perspectiva: la pérdida de nuestra libertad data de la sedentarización de *Sapiens*. A medida que el hombre se hizo cultivador y se agrandó su grupo, tuvo que repartir las tareas, especializarse y delegar en otros una parte de lo que ya no podía hacer él mismo. Así nacieron los oficios. Llegamos hoy a una extraña paradoja: somos la especie que tiene más saberes e inteligencia colectiva, al tiempo que individualmente somos el animal más ignorante. Incapaz de saberlo todo de todo y también de hacerlo todo él mismo, al ser humano no le queda más remedio que remitirse cotidianamente a la competencia de los demás. Para cocer su pan, construir su casa, recoger sus basuras, mantener sus carreteras o tratar sus enfermedades... Así, aprendiendo a delegar y a confiar en todos esos cuerpos de oficio, estoy en una posición «de obediencia». Lo único que puedo es esperar que mi panadero no haya vomitado el anisete en la masa del pan.[38] El que ha escogido la defensa heroica está, en efecto, inmerso en una ilusión de libertad y de autosuficiencia. El fusional estará más sereno, porque delega todos los aspectos del concepto de libertad, incluida la de pensar. Le va bien que los demás reflexionen por él. Algunos han hecho estudios, les pagan por saber; si ellos dicen que así está bien, ¡pues a él le vale!

Desgraciadamente, la ultraespecialización ha abierto una zanja entre el erudito y el ignorante, concentrando el poder entre unos cuantos iniciados que tienen claro que lo van a conservar. Ésa es toda la peligrosidad de la ilusión técnica de la que os hablaba en el capítulo 2, a propósito de la resolución de los problemas y de sus efectos destructores:

- Efecto perverso, inverso al que esperamos: agrava el problema en lugar de resolverlo.
- Efecto centralizador, que da un poder desmesurado a un puñado de individuos.

---

38. Anécdota narrada por Marcel Pagnol en *La femme du boulanger*, que concluye diciendo: «El pan tenía un regusto a anís, los niños la gozaron».

- Efecto amoral: so pretexto de eficacia, pero más bien por avaricia, nos desentendemos de la ética.
- Efecto coercitivo, que obliga al profano a someterse a la ilusión y a obedecer a los que saben.

El aumento de la entropía lleva hoy a la sociedad humana a engalanar con el título de «experto» y a propulsar al proscenio a personas cuya competencia nadie tiene realmente el poder de medir, puesto que los «expertos» son ellos, y cuyos títulos a veces se nos olvida comprobar. Ved hasta qué punto es voluntaria la servidumbre: en esta idea de delegar uno sus responsabilidades, la palabra del experto es considerada como el evangelio. En los tribunales, en los despachos de seguros, para las decisiones sanitarias... se sigue ciegamente el parecer del experto. O sea, que son los expertos los verdaderos dirigentes del mundo. La cosa se vuelve tan risible como aterradora cuando, en los platós de televisión, se bombardea con el título de «experto» a cualquier persona que se presta a hacer el *show*.

No obstante, un puñado de rebeldes se niegan a delegar su pensamiento. Se informan por sí mismos acudiendo a otras fuentes, hacen las preguntas que molestan, señalan con el dedo las absurdeces y las contradicciones y se comunican en redes en Internet, creando de manera cada vez más frecuente un verdadero contrapoder. Entonces los expertos empiezan a gritar que es un complot y a echar espumarajos de rabia. La ilusión técnica se defiende vigorosamente contra los ataques de los que es objeto.

Entonces, ¿libre o esclavo? La libertad ¿es una calamidad o un don, una realidad o una ilusión? ¿Qué debe pensar el humano de los límites de su libertad? La Boétie piensa que si los hombres quisieran la libertad, la tendrían. Dostoievski, a su vez, constata que si los hombres quisieran la felicidad o el amor, los tendrían. También tenemos la libertad de rechazar nuestra libertad. Sin embargo, esta libertad no deja de ser meramente relativa en medio de las reglas represivas dictadas por los *Sapiens*: ¡ponte a cruzar una «frontera» sin pasaporte o no declares tus rentas, verás qué risa! En el mundo de los humanos, la libertad nunca es incondicional; designa simplemente la capacidad para hacer uno su camino en las condiciones existentes; en otras palabras, precisas y determinadas. Dentro de este contexto, ser libre es, en primer lugar, dejar de estar sometido a influencias; es también reducir uno sus dependencias; es, finalmente, tomar opciones de acuerdo con la propia ética, cueste lo que cueste. La libertad es ser capaz de comportarse de una manera diferente a todos los demás. Pero eso tiene un precio: el de la soledad. Seguir al rebaño sin pensar es más cómodo que ponerse al frente o, peor, que seguir uno su propio camino. No obstante, las personas que obedecen a las reglas del grupo no son forzosamente gente sumisa o resignada. Hay una diferencia entre aceptación pasiva y aceptación activa. Están los cortesanos, que son efectivamente almas viles y aterradas, pero también están los partisanos, que actúan en conciencia y militan activamente por una causa que defienden. El músico que se somete de forma deliberada a la autoridad del director de orquesta privilegia la armonía de la orquesta y la interpretación del fragmento por encima de su sensibilidad personal.

La necesidad de sentido

«Tan sólo he encontrado reposo en la indiferencia. Sin embargo, quisiera recuperar la inocencia, pero nada tiene sentido, y nada funciona. Todo es caos al lado, todos mis ideales: palabras estropeadas… Busco un alma que me pueda ayudar. Soy de una generación desencantada…».[39]

¿Por qué vivimos? ¿Cuáles son las razones de vivir? ¿Qué sentido tiene mi vida? ¿Para qué? ¿Y luego? ¿Y entonces? ¿Todo esto para eso? Todos y cada uno de los humanos, en algún punto de inflexión de su vida, se han visto confrontados a una o varias de estas preguntas cruciales. Esas crisis son temibles, porque la ausencia de sentido es un estrés principal para los seres humanos. Según Carl Gustav Jung, el hombre no puede soportar una vida carente de sentido. Por otro lado, si un día recibís un mensaje de una de vuestras personas cercanas que empieza con estas palabras: «Mi vida ya no tiene sentido…», con certeza ten-

---

39. Extracto de la letra de la canción *Désenchantée*, escrita e interpretada por Mylène Farmer y compuesta por Laurent Boutonnat, estrenada en marzo de 1991.

dréis un ataque de pánico incluso antes de haber leído la continuación, y con razón. Cuando una persona ya no le encuentra sentido a su vida, tiene la impresión de que no le queda ninguna razón para vivir, para pelear o para tener esperanza. Esa pérdida de sentido es una de las principales causas de desgaste profesional en empresas, y de suicidio cuando alcanza también a la vida privada.

Esa necesidad de sentido puede ser colectiva o personal, terrenal o espiritual. Se puede hacer zoom hacia delante hasta la partícula cuántica —«el mundo es así porque los átomos...»— o zoom hacia atrás hasta lo infinito del universo —«el mundo es así porque las galaxias...»—. Para satisfacer nuestra necesidad de coherencia, todo tendría que estar en su sitio y cada uno en su papel. La coherencia que más seguridad proporciona sigue siendo mi coherencia interna, la que conecta mis valores con mis pensamientos y mis acciones. Por otro lado, en nuestra necesidad de coherencia y en nuestro miedo al caos interno es en lo que se apoyan prácticamente todas las manipulaciones mentales, de la «colecta de los sí» a la «trampa abstrusa», pasando por el «gasto perdido».[40] Pero, siendo que el ser humano está lleno de contradicciones, sorprenderse uno a sí mismo con las manos en la masa en flagrante delito de incoherencia es un juego de niños.

Frente a esta necesidad vital de dar sentido a la existencia, se perfila este postulado, muy probablemente cierto y profundamente angustioso: el mundo no tiene ningún sentido fuera del que yo le doy. Como con tanto acierto lo dice Fernando Pessoa, «la realidad no me necesita». Pero los momentos en los que nos damos cuenta de eso son muy incómodos. Darle sentido a lo que vivimos sirve antes que nada para escaparnos del caos, o sea de la locura. Kazimierz Dabrowski[41] habla de «desintegración positiva» cuando nuestras construcciones mentales se derrumban. Para él, las crisis existenciales y las angustias que las acompañan son constructivas. Más que reprimirlas, habría que acompañarlas. La salud mental no consiste en bloquear todo proceso de cuestio-

40. Para más información, podéis leer BEAUVOIS, Jean-Léon, JOULE, Robert-Vincent, *Petit traité de manipulation à l'usage des honnêtes, op. cit.*
41. LAMARE, Patricia, *La Théorie de la désintegration positive de Dabrowski,* Sens et Lien, 2017.

namiento, sino, al contrario, en atravesar esos períodos de duda para acceder a niveles de conciencia más elevados, más elaborados. Deplora el autor que mucha gente se quede bloqueada en el estadio «integración primaria» y no se adentre por ese camino de deconstrucción y reconstrucción mentales que nos llevan hacia nuestro pleno potencial. Sin embargo, ¡Dabrowski es un gran optimista!

Estas crisis existenciales distan mucho de ser agradables. Cuando ya no le encuentra sentido a la existencia, el ser humano cae en un vórtice mental de terror petrificante del que no renegaría Medusa.

Por haber vivido, como todo el mundo, esas crisis de pérdida de sentido en diferentes épocas de mi vida, puedo atestiguar que son ellas las que me han procurado las crisis de angustia más intensas. ¡Finalmente, la muerte, la soledad y la libertad no son sino temas pequeños en comparación con el del sentido de la vida! Durante mi última crisis hasta la fecha, queriendo mirar a Medusa directamente a los ojos, me negué a tejer deprisa y corriendo un sentido que se sostuviera. Esta vez había comprendido con claridad que sería tan artificial y arbitrario como los demás. También quería poder dar testimonio en este libro del efecto que produce vivir manteniéndose «fuera de sentido». Me negué a abalanzarme sobre las primeras explicaciones tranquilizadoras que aparecieron. Bloqueé mentalmente de forma deliberada toda tentativa de explicación y de reconstrucción del relato. Estuve alelada e inerte durante meses, sacudida por espantosas crisis de angustia, pero decidida a ir a ver más allá.[42] Fue entonces cuando conocí a Oblómov, el célebre héroe de la novela de Ivan Goncharov.[43] En esa historia, Ilya Ilitch Oblómov es presentado como un personaje inactivo que parece complacerse en un letargo soñador. Lleva la vida ociosa y apática de un terrateniente ruso del siglo XIX. Muchas veces se le suele presentar como la última encarnación de la pereza y de la mediocridad. Sin embargo, *oblom* (облом) en ruso quiere decir «quiebra», «fractura». Oblómov es un hombre roto, un hombre que tiene quebrado el muelle interior. Ni

---

42. ¿Habéis notado hasta qué punto me tomo en serio mi papel de avanzadilla y cómo pago con mis propias carnes para informaros?

43. GONTCHAROV, Ivan, *Oblomov*, Le Livre doe poche, 1999.

siquiera llega ya a amar. Eso es lo que ocurre cuando uno ya no consigue darle sentido a su existencia.

Mi muelle estaba quebrado. Andaba yo haciendo mía esta broma de Frédéric Dard: «Soy un viejo feto apático. Mi vida me habrá servido de lección. No lo volveré a hacer», cuando caí sobre un lindo textito que versaba sobre el soltar. No conocía al autor. Dice en sustancia: «Soltar es aceptar que el otro es el otro y que yo soy quien soy y no quien había soñado con ser. Soltar es dejar de someter a juicio a la vida que no nos da lo que esperábamos de ella». ¡Aplicar esta filosofía produce, efectivamente, mucha tranquilidad! Finalmente, cuando uno deja de someter a la vida a juicio y de reprocharle que no sea lo que quisiéramos que fuera, se vuelve más bien agradable. ¡Viva el soltar!

Hoy puedo validar la teoría de Dabrowski: esta enésima desintegración finalmente habrá sido tan positiva como las demás, pero esta vez sí creí que no iba a ver nunca el final.

Lo que más sentido le da a nuestra existencia es el altruismo, la entrega a una causa, la creatividad, el hedonismo, la sensación de realizar uno su potencial, la transcendencia. Darle un nivel espiritual al sentido de la vida nos hace menos permeables a las emociones tóxicas y más resistentes a los ambientes negativamente cargados. Pero ¿necesitamos realmente toda esta parafernalia? Incluso Leonardo da Vinci, en el atardecer de su vida, tenía también la impresión de haber desperdiciado el tiempo.

Oigo muchas veces en los sobreeficientes opiniones de este tipo: «Lo que me fascina es que nadie se pregunta lo que estamos haciendo realmente en este planeta. La mayoría ha aceptado el ciclo trabajo-comida-diversión-sueño como vida y no tienen ningún deseo de tener una comprensión más profunda de nuestro objetivo en este universo». Para la Oblómova en la que estuve a punto de convertirme, esa búsqueda de una comprensión «profunda» se me antoja hoy harto vana e incluso pretenciosa. Después de todo, si una persona encuentra sentido en su oficio y su familia y en el hecho de insertarse en la continuidad de un linaje humano, ¿por qué recriminárselo? Si alguien os dice sinceramente: «La vida sirve para casarse, para tener hijos, para trabajar y después para disfrutar de la jubilación», ¿es esto un problema si a él le basta con eso para estar sereno?

Esta exigencia que tienen los sobreeficientes de que vengan los demás a asomarse con ellos al abismo de las angustias existenciales es una verdadera violencia que les hacen padecer. Pienso que donde se ha abierto la zanja entre sobreeficientes y normopensantes es sobre todo en el plano de esta gestión de las angustias existenciales.

«Pero entonces», dice Alicia, «si el mundo no tiene sentido, ¿qué nos impide a nosotros inventarlo?». Alicia tiene razón. Para darle un sentido al mundo, basta con inventarlo... contándonos historias.

Capítulo 5

La conformación en relato

«Érase una vez, en unos tiempos muy antiguos y en un país muy lejano, un anciano que…». ¿Notáis hasta qué punto esta introducción os pone ya en un estado de expectación y de curiosidad, y hasta qué punto echáis de menos ya la continuación (que no os voy a contar, lo siento en el alma…)?

«Érase una vez…» o «*Once upon a time…*» existe en todas las lenguas. Es una auténtica fórmula mágica que nos envía a un mundo paralelo y nos sume en un estado hipnótico. Desde la noche de los tiempos, al ser humano le privan las historias, los relatos, las leyendas y las funciones de teatro. Ésta es ciertamente la ventaja más maravillosa de nuestra desgracia de mono que ha accedido a la abstracción y al lenguaje. En este mundo virtual que es el nuestro, podemos crear hasta el infinito historias, guiones, diálogos y mundos virtuales en los que nos zambullimos con deleite, incluso si a veces se trata de un terror delicioso. El teatro, según parece, se creó en el siglo VI a. C. Si hubiéramos conservado el rastro, podríamos hacer una retrospectiva impresionante de todas las obras de teatro que han sido estrenadas en todo el mundo desde la Antigüedad. ¿Imagináis lo que pueden representar 2600 años de teatro mundial? ¡Debe de ser algo fabuloso! E incluso, sin llegar tan lejos, remontándonos a la invención del cine en 1895, la lista de las películas fabricadas desde entonces en todos los países del mundo sería igualmente impresionante. Pero estos archivos audiovisuales no son nada en comparación con el número de historias que nos venimos fabricando para nosotros mismos en nuestras cajas craneanas de 1300 cm^3. Nuestra filmografía personal es gigantesca.

Yo soy las historias que me cuento

El relato es una necesidad inexcusable para dar coherencia y sentido a lo que vivimos. La narración de historias tiene como función el sacarnos del caos y efectuar una clasificación y una ordenación de los datos dándoles una coherencia y una finalidad: causas y efectos, una intriga, una progresión, cronología, una búsqueda... En resumen, el relato da una razón de ser a las cosas. Ese sentido dado a lo que vivimos puede ser totalmente terrenal —«Mi misión consiste en hacer buen pan para alimentar a mi aldea y unos pasteles deliciosos para alegrar las comidas dominicales de mis conciudadanos»—; transcendente —«Recibí de mis antepasados una destreza, unos valores, un patrimonio, y debo transmitírselo a mis descendientes»—; o espiritual —«Estoy en la Tierra porque Dios...»—. Da lo mismo el sentido que le demos a nuestro paso por la Tierra siempre que le demos uno.

El análisis transaccional ha abordado también esta noción de relato personal y ha hecho un estudio profundo de ella a través del concepto de «guion de vida». He aquí una síntesis de lo que dice: desde muy pronto, para dar una coherencia y una lógica a las diferentes informaciones que le llegan, el niño crea para sí mismo un relato de vida personal. Debe componer, con las conminaciones y los permisos que recibe, los programas de identificación que se le proponen, y también «drivers»: órdenes subliminales de ser fuerte, de ser perfecto, de complacer, de hacer «esfuerzos» y/o de darse prisa. De todo este material brota un día una decisión de vida (o de supervivencia) que se impone al niño con esta forma: «Ya que esto es así, pues yo...». Cuanto más temprano y más en un contexto dramático se toma esta decisión de vida, cuanto más esté hecha a base de «nunca», «siempre», «todo el mundo» o «nadie», con más fuerza impactará en la vida de adulto de ese niño. En el estadio de su decisión de vida, entre todas las historias que haya oído el niño, una de ellas le parecerá que hace la mejor síntesis de su experiencia vivida (o la menos mala), de aquellas de sus necesidades que tienen un fin aceptable, o que están en concordancia con las conminaciones paternas: «¡Vas a matar a tu madre!». El héroe de esta historia se convierte en un modelo más o menos consciente de identificación. Por ejemplo, la Sirenita, condenada al mutismo por amor, ofrece una buena base de identificación para el niño al que no se le permite hablar en su hogar. Por eso hay que contarles muchas historias a los niños. Así, en el momento de construir su guion de vida personal, tendrán más posibilidades y su elección será más afinada. El análisis transaccional ha identificado una multitud de guiones de vida posibles:[44] dramáticos o banales, de ganadores o de perdedores, guiones hechos a base de «casi», de «hasta...».

No os confundáis: lo que importa no es vuestra búsqueda aparente, sino su resultado. Para encontrar vuestro guion, no os tenéis que focalizar en lo que buscáis, sino más bien observar con objetividad lo que obtenéis. Para Joe Dispenza, esto se resume así: «El campo cuántico no responde a lo que queremos, responde a lo que somos».

Yo soy las historias que me cuento. Este concepto es bastante perturbador y, no obstante, perfectamente exacto. Aunque yo exclame: «¡No, hombre, yo no me cuento historias! ¡Es la pura verdad!», una vocecita burlona dentro de mi cabeza podría desde luego comentar con objetividad: «Es la historia de una mujer que se cuenta que ella no se cuenta historias y que cree estar en posesión de la verdad». De hecho, no puedo no contarme historias. Y mis historias no son otra cosa que creencias. Éste es uno de los principios de base de la PNL: no hay verdad. Todo es creencia. Yo no puedo no creer. No creer en nada es creer que no hay nada. ¿La diferencia entre saber y creer? Es simplemente que saber es creer que sabemos.

Un día en el que estaba explicando esto en un seminario, un participante muy irritado replicó en tono desafiante: «Y si yo digo que para mi reloj son las 9:45 h, ¿es una creencia?». Me puso en un buen apuro. Yo veía que él necesitaba certezas y que mi razonamiento lo desestabilizaba. Mientras buscaba cómo responderle sin herirlo más, miré mi reloj. Tenía las 9:30 h. Así que le pregunté al grupo: «¿Qué hora tenéis vosotros?». El grupo contestó a coro: «Son las 9:30 h». Aquello me permitió contestar a aquel pobre hombre: «Sí, 9:45 h es una creencia, en efecto. Son las 9:30 h». En ese momento descubrimos que era esa creencia la que inducía su irritación: pensaba sinceramente que el semi-

---

44. Para más información sobre estas nociones de guion de vida, podéis leer *Scénario de vie gagnant*, de Christel Petitcollin, Éds. Jouvence, 2003.

nario había comenzado con 15 minutos de retraso. Ésta es una excelente demostración del hecho de que hay que desconfiar de las propias creencias. Estad siempre abiertos a la idea de que podrían ser erróneas. Pero aquel participante irritado tenía razón en parte: necesitamos apoyarnos en algunas certezas para construir nuestra leyenda personal. Os recuerdo que sin relato, o sea, sin poder darle sentido a lo que nos rodea, nos volveríamos locos o amorfos. Tomando conciencia de la existencia del propio relato, podemos encontrarnos en una *mise en abyme*[45] vertiginosa, pero también aprovecharla para reconsiderar ese relato y cambiar de historia. «Es la historia de una mujer que, hasta hoy, se contó a sí misma que... y que bruscamente decidió quitar todos los parámetros dolorosos y nefastos de su guion. Se hizo la pregunta: "Partiendo de que no tengo más remedio que contarme historias, ¿cuáles son las historias que me complacería escuchar?" y, desde ese día, ya sólo se contó cuentos maravillosos o historias deliciosas». ¿Os tienta probar? ¡Si ponéis un toque de humor y os reís de vosotros mismos, nunca terminaréis de divertiros! Y también os podéis preguntar con regularidad: «¿Qué piensa de esto mi alma?». Mi duende interior de guionista y mi alma de *script*, ¡menuda clase!

Joe Dispenza os propone incluso que preparéis el *script* de vuestras jornadas cada día al despertar. Piensa que podemos ejercer influencia en el campo cuántico planificando nuestra jornada: crear, pedir, preguntar, acoger... Ya que estamos condicionados, mejor elegir cada uno su condicionamiento.

Pero mi relato individual sigue siendo precario y volátil sin la validación del grupo. Cuando yo interpreto mi función de teatro personal, necesito que el público suscriba mi propuesta artística para creérmela yo misma. Y, como una matrioska, mi relato personal tiene que poder encajar en los relatos colectivos más amplios de mi familia y de su historia transgeneracional, desde los grupos de personas iguales a mí a los que pertenezco hasta los relatos colectivos socioculturales, nacionales,

---

45. La *mise en abyme* es un término de heráldica que describe la repetición, dentro de un escudo, de ese mismo escudo en tamaño más pequeño. Se utiliza en narratología para designar la aparición de relatos internos, secundarios, que reproducen en su desarrollo el relato fundamental de la narración. *(N. de la T.)*

mundiales… Jung va aún más lejos en este entretejido entre relatos individuales y colectivos: para él, los «arquetipos», esas imágenes ancestrales pertenecientes a la humanidad entera y contenidas en el inconsciente colectivo, alimentan el psiquismo individual de cada uno. Ahí es donde empiezan los contratiempos para los sobreeficientes: ¿cómo insertar un relato personal complejo y prolífico en un relato colectivo lineal y simplista? Seguramente esto es lo que explica que don Quijote se quedara solo contra todos en su relato individual.

El relato colectivo

La necesidad de poner en palabras los acontecimientos para organizar, estructurar y anclar el pensamiento funciona también a título colectivo. En este caso, participan todos. La historia se cuenta de boca a oreja y se va enriqueciendo porque cada uno añade sus florituras, maquilla las cosas, y las deforma también, de paso. Pero eso no tiene mucha importancia. La verosimilitud nunca ganará frente al placer de una hermosa puesta en perspectiva. De sobra lo sabemos cuando estamos viendo una película: ¡en la vida real jamás pasa un taxi en el momento en que lo necesitamos y, sobre todo, nunca se para justo porque nosotros hemos levantado el brazo! Pero eso, ante la película, a todo el mundo le importa un bledo. Poco a poco, las historias se convierten en cuentos y leyendas y se integran en el inconsciente colectivo. Se pierden los orígenes, se instalan clichés y deja de cuestionarse el relato. Evidentemente, en estos relatos colectivos hay también muchos miedos, supersticiones y conminaciones de conformidad.

Me encanta esta anécdota: una mujer le está enseñando a su hija cómo asar un redondo. Para empezar, cercena los extremos, luego lo pone en una fuente, le echa la sal, la pimienta, etc. Cuando su hija le pregunta por qué corta los extremos del redondo, su madre le contesta que ella siempre ha visto a su madre hacerlo así. Entonces, la muchacha, intrigada, llama a su abuela. «Yaya, ¿por qué le cortas los extremos al redondo antes de asarlo?». Y la abuela contesta: «Porque no me cabe en la fuente que tengo». ¡Hay tantas situaciones similares en las que las maneras de hacer y de pensar merecerían cuestionarse! Pero a veces es mejor evitarlo. Porque el relato colectivo, como todos los relatos, es extremadamente frágil y arbitrario: está compuesto con cosas de aquí y de allá, con una selección de informaciones, de contradicciones, de silogismos, incluso de absurdeces… Solamente se sostiene porque nos prohibimos pensarlo, cuestionarlo, ver los hechos y las informaciones que desmienten su veracidad. Hacerlo migas sería un juego de niños. Por ejemplo: mostradme cualquier película, puedo demostraros todas sus inverosimilitudes e incoherencias. También puedo revelar en ella todas las opciones previas y los clichés. ¡Si no hay que cuestionar el relato colectivo es precisamente porque es frágil! Cualquiera que contradiga el relato colectivo oficial siembra la inseguridad en todo el grupo.

¿Cómo saber si estáis tocando uno de los mitos fundadores del relato colectivo? ¡Porque vuestro interlocutor tendrá una reacción muy agresiva y muy poco racional! Sus argumentos serán una letanía de clichés tan desgastados que tendréis la impresión de estar tratando con un adepto a una secta que está recitando un texto aprendido de memoria. ¿Cuántas veces os ha ocurrido esto? Ahora que comprendéis el mecanismo, evitad contradecir o, peor, señalar las contradicciones del relato colectivo, e identificad lo antes posible la incipiente agresividad de vuestro interlocutor. ¡Ella será la señal de que es urgente soltar el asunto! Los normopensantes lo han comprendido muy bien: para quedarse dentro del relato colectivo, lo último que hay que hacer es fragilizarlo. Se le puede criticar un poco. Eso forma parte del cotilleo y de los pasatiempos, pero hay límites que no se deben rebasar. Para responder a la pregunta que me hacen con frecuencia, los neurotípicos no piensan ni menos ni más despacio que los sobreeficientes, pero sí bloquean deliberadamente su pensamiento. ¿Para qué sirve tirar del hilo que sobresale? ¡Buena la habréis organizado cuando hayáis deshecho entero el jersey! De todos modos, os tocará tejer otro que igualmente se pueda destejer. Ahí tenéis por qué a los normopensantes les parece absurda esa manía que tenéis de ponerlo todo en entredicho. Ellos asumen la ficción colectiva y no necesitan que esté pegada a la realidad. Unos cuantos elementos reales bastan para amalgamar el conjunto. ¿No se dice que las mejores mentiras siempre están tejidas con un poco de verdad?

Para gran estupefacción de los sobreeficientes, los normopensantes soportan muy bien las contradicciones del relato y Yuval Noah Harari les da toda la razón. He aquí lo que dice de esto en *Sapiens*: «Las contradicciones son un aspecto indisociable de toda cultura humana. De hecho, son sus motores y explican la creatividad y el dinamismo de nuestra especie. Al igual que el choque de dos notas musicales tocadas juntas da impulso a un fragmento de música, la discordancia de nuestros pensamientos, ideas y valores nos obliga a pensar, a reevaluar y a criticar. La coherencia es el terreno de juego de las mentes cerradas». Concluye que la disonancia cognitiva, muchas veces presentada como una tara del pensamiento humano, es de hecho una baza vital.

Todo esto podría ser muy armonioso: mi relato personal que se imbrica en el relato de mi estirpe, a su vez integrado en el relato colectivo de mi tribu. Aunque tiene un «pero»… e incluso varios. He aquí la lista de las objeciones que hacen difícil la adhesión de un sobreeficiente al relato colectivo en su estado actual.

El relato colectivo tiene agujeros

¡El relato colectivo es un auténtico gruyere plagado de agujeros! Dado que la vida humana es muy rica y muy variada, muchos de sus aspectos no quedan catalogados en él. La primera manera de enmascarar un agujero es el tabú: «¡No hablemos de eso por nada del mundo! Eso no existe». Después están los agujeros de los «casos particulares» que perturban el estupendo ordenamiento del conjunto. «Todo el mundo»… «¡Bueno, sí, pero yo no!» La gente que vive situaciones fuera de la norma se encuentra ante interlocutores ausentes e insensibles, en realidad totalmente desvalidos, que enuncian lugares comunes y clichés desgastados o, peor, que les sueltan una tras otra barbaridades totalmente incongruentes. Cuanto más excepcional sea vuestro caso, más os va a dar la sociedad la impresión, a fin de cuentas muy justificada, de que no entiende nada del asunto y le importa poco. Es necesario que las escasas personas afectadas se agrupen y clamen largo tiempo su sufrimiento para que la sociedad se digne por fin a abrir un ojo y crear una pequeña enmienda que incluya su caso. Os puedo citar el dolorosísimo ejemplo de las mamás que han dado a luz a un niño muerto. Han tenido que pelear durante decenios para que la sociedad reconozca su sufrimiento y para que la ley le dé por fin a esa criaturita un poco de existencia legal. El niño sigue sin tener personalidad jurídica y no tiene apellido, pero por fin se le puede mencionar en el libro de familia e incluso puede dársele un nombre propio. Es un buen principio. No obstante, los comentarios populares sobre este drama siguen siendo igual de deplorables: «No te había dado tiempo a encariñarte» o «Ya tendrás otro». Es también éste el caso de las enfermedades llamadas «raras»: si sois treinta en el mundo los que presentáis este cuadro clínico, no suscitaréis mucho interés. Peor: debido al agujero del relato, vuestra patología probablemente será negada y os acusarán de simulación o de estar psicológicamente trastornados. ¡Algo saben de esto las personas aquejadas de la enfermedad de Lyme! Necesitan de media ocho años de peregrinación médica antes de que se les diagnostique. Podríamos multiplicar los ejemplos: el suicidio, el acoso escolar, la violación…

Un relato fácil de distorsionar

Cualquier persona que se las haya visto con un manipulador lo sabe: esa gente tiene el arte de reescribir las historias en su provecho. Como decía Michel Audiard: «Los imbéciles se atreven a todo, por otra parte es en eso en lo que se les reconoce». ¡Mal harían en arrepentirse, porque cuanto más grande mejor cuela! Cuanto más burdo es un embuste, más se dicen los que lo oyen que sería imposible que alguien se atreviese a mentir de esa manera y se vuelven proclives a creerlo. Así es como, no retrocediendo ante nada para derribar a sus enemigos y salir del atolladero, los manipuladores montan unas trolas enormes que nosotros nos tragamos sin rechistar. Los poderosos no se quedan atrás, puesto que son ellos los que tienen el poder de escribir la Historia. Desde la Antigüedad, de *Ilíada* en *Odisea* pasando por *La Guerra de las Galias*, cada uno ha querido presentar las cosas atribuyéndose el papel bueno para garantizar su gloria póstuma. ¡Y funciona! Durante muchísimo tiempo, los manuales escolares han logrado vendernos simultáneamente dos historias contradictorias: por un lado, Luis XIV, que se autoproclamaba «Rey Sol», pasa por haber sido realmente un gran monarca; por otro, la Revolución francesa, que derribó a la monarquía, obró por el bien del pueblo oprimido por los tiranos. Lo cual nos lleva a hacernos la pregunta: ¿acaso el relato colectivo no es otra cosa que una eterna propaganda? Lo sería menos si lo cuestionáramos más, piensan los sobreeficientes. Sin embargo, ellos no se quedan atrás en tragarse trolas. Ése es el destino humano: cuando es demasiado bonito para ser verdad, es mentira, pero nos gusta creerlo. Cuando es demasiado horrible para ser verdad, es verdad, pero nos negamos a creerlo.

El relato colectivo incluye con dificultad las desviaciones individuales

Antaño, el mundo era esencialmente rural. En los pueblos, todos vivían bajo la mirada constante de los demás, compartiendo una educación y una moral bastante similares. El miedo a la desaprobación de los semejantes era suficiente para contener los instintos primarios de todos y hacer atractiva la obediencia a las reglas comunes. Desde entonces, el mundo ha cambiado. El éxodo rural, la creación de megápolis anónimas, la apertura al mundo y el mestizaje de las culturas han trastocado los códigos y creado zonas de sombra por las que pululan parásitos y disidentes, cometiendo sus atropellos con total impunidad. El relato colectivo aún no ha evolucionado lo suficiente para adaptarse a esto, y por eso mismo comporta grandes fallos en los medios de los que se dota para imponer límites a los comportamientos perjudiciales.

La sociedad parte del principio de que todo el mundo tiene buena voluntad y de que cada uno, individualmente, quiere el bien de todos. Dista mucho de ser este el caso, pero la tontería, la incompetencia, la codicia y la deshonestidad parecen excluidas del relato. Cuando la comunidad coge a uno de sus miembros con las manos en la masa en flagrante delito de conducta desviada, le deja espacio para «salvar la cara» y salir del paso con una amonestación. Al relato le gustaría creer que la vergüenza de que te hayan pillado y un simple apercibimiento bastarán para hacer que al patán se le pasen las ganas de repetir. La célebre fórmula «ya conocido de los servicios de policía» demuestra sobradamente que esta manera de proceder ya no funciona. A fuerza de querer evitar los escándalos, las fórmulas del relato colectivo vacían los hechos de su gravedad y irresponsabilizan. Algunas me parecen particularmente edificantes: «escaparse de la vigilancia de sus padres», «drama familiar», «conflicto parental», «obra de un desequilibrado». Cuando un sobreeficiente señala una conducta desviada con toda la fogosidad de su sentimiento de injusticia, lo único que se encuentra es incomodidad y evasivas, incluso ante una desviación particularmente grave. La indignación no pasa de ser blanda. «No conocemos todos los pormenores de la historia». Jamás se enarbola tanto la presunción de inocencia como cuando habría que condenar en firme. Llegarán a deciros que «a todo el mundo le puede ocurrir que mate a alguien en un ataque de locura». Encontramos aquí de nuevo la necesidad de mantenernos dentro de una norma emocional tibia y convenida, en la que no está prevista una sana indignación frente a las fechorías. Pero esto es también una protección de las poblaciones contra los linchamientos espontáneos. Vemos en Internet la amplitud que éstos pueden alcanzar. ¡Menos mal que la mayoría sabe mantenerse tibia y esforzarse por conservar la sangre fría!

En descargo del relato colectivo, no sería sencillo crear un sistema legislativo suficientemente global para incluir todos los casos posibles que, al mismo tiempo, fuera suficientemente preciso como para juzgar con justicia, y todo ello sin abarrotar las cárceles. Tanto más cuanto que un sistema judicial está previsto para castigar, no para prevenir. A la hora de la mundialización, tampoco sería fácil crear un sistema universal de valores morales.

Queda también este inquietante adagio: «No se molesta a los poderosos en sus chanchullos» del que ya hemos hablado y que plantea un gran problema de sociedad. Porque, cuando no se les molesta lo suficiente en sus chanchullos, los poderosos dejan de tener límites. Regularmente afloran escándalos que producen el mismo efecto que un petardo mojado. Apenas salpican a unos cuantos poderosos, que arreglan discretamente el asunto, contando con la falta de constancia y de memoria de las poblaciones. ¡Paralelamente, el que da la voz de alarma descubre hasta qué punto es una auténtica advertencia la frase «Desdichado aquel por el que llega el escándalo»!

¿Cómo reducir a relato lo innombrable?

Las implicaciones simbólicas están presentes en todos los espacios sociales, incluso y sobre todo aquellas a las que podríamos calificar de patológicas: hay que dar un sentido, incluso a las catástrofes, incluso a los actos más atroces. Éste es, por cierto, el papel de las «unidades de ayuda psicológica»: hacer hablar a las personas, hacer que las víctimas cuenten las cosas para que, al convertirse en un relato, los hechos vayan perdiendo poco a poco su carga emocional. Pero ¿cómo crear el relato de un atentado o un genocidio? ¿Cómo explicar Hiroshima? ¿Debemos hacer de eso un relato edificante o intentar mantener la distancia? Cada vez con más frecuencia, la sociedad se encuentra incómoda ante la obligación de proporcionar un sentido a fechorías incalificables. Ya no sirven los clichés ni las fórmulas convenidas. Los feminicidios son demasiado numerosos, demasiado frecuentes como para ser considerados simples «dramas familiares». No, la ejecución de un profesor[46] en plena calle, en pleno día, a la salida de las clases, delante de su instituto, ya no puede pasar por ser «la obra de un desequilibrado aislado». Habrá que incluir estos nuevos datos en el relato colectivo. Pero ¿quién podrá encargarse de hacerlo?

El relato colectivo cruje por todas partes

No perdamos el optimismo: estos últimos años, gracias a las redes sociales[47] que hacen circular muy deprisa las informaciones incómodas que los poderosos quisieran ocultar, gracias a la mentalidad de las jóvenes generaciones menos dóciles, pero también gracias al empoderamiento de las minorías, el relato ya no puede seguir contándonos sus viejas mentiras ni pasar por alto las situaciones injustas o que nos sublevan. Se va poniendo difícil lo de sofocar los escándalos. Movimientos como L124, Anticor, #metoo o #blacklifematters realmente han

---

46. Me refiero a Samuel Paty, asesinado el 16 de octubre de 2020 en Conflans-Sainte-Honorine.

47. ¡Bueno, las que no censuran a sus afiliados!

hecho que se desplacen las líneas y evolucionen las mentalidades. Las mismas redes sociales permiten a las personas reagruparse, conversar, denunciar las situaciones de monopolio y de abuso, las condiciones indignas de trabajo y de cría de animales, los comportamientos perversos y las agresiones sexuales. En la estela de #metoo, #balancetonporc y #metooinceste, los # se van a multiplicar en los años venideros y obligarán al relato a cambiar de tono. Pero cuando los envites financieros son demasiado importantes y los grupo de presión demasiado poderosos, cuando el jarro de arcilla choca realmente con un jarro de hierro, ¿vale la pena el esfuerzo? Sí, replicarán sin vacilar los sobreeficientes, que olvidan que al Che Guevara lo denunció uno de los campesinos cuya causa defendía porque «los tiros asustaban a su rebaño».

La evolución de las mentalidades parece lenta y laboriosa. No obstante, el relato colectivo no está tan fijado como creemos. Cuando miramos la historia –la grande, la epopeya de las naciones–, siempre ha habido crisis, desplomes, reescrituras y grandes progresos sociales, pero también regresiones hacia lo que se llama el oscurantismo. Hay que saber ser pacientes, flexibles y optimistas, pero mantenerse vigilantes. Como con tanto acierto lo dice Arthur Schopenhauer: «Toda verdad pasa por tres etapas. Al principio se la ridiculiza. Luego sufre una fuerte oposición. Después se la considera como algo que siempre ha sido evidente». Lo que me apetece completar con: «Ciertamente, querido Arthur, pero únicamente hasta la verdad siguiente que vendrá a sustituir a ésta».

Una epopeya grande y hermosa

El relato colectivo da normas e inteligibilidad al mundo y asegura la cohesión del grupo. Pero para ser atractivo nos tiene que contar una historia bonita, una aventura que nos emocione, una epopeya fantástica. Si no, ¿quién lo iba a querer? La adhesión al grupo se hace mediante un doble movimiento: por una parte, yo me fusiono dentro del grupo renunciando a mi individualidad, y, por otra parte, me vuelvo indispensable porque colaboro eficazmente en hacer que el grupo exista. Esto implica que acepto que los valores del grupo y la propia existencia del grupo rebasan mi interés individual. Al adherirme hasta ese punto al grupo, acepto inconscientemente por adelantado sacrificarme por él. Se llama «eje sacrificial» al punto de inflexión más allá del cual el bien del colectivo se pondrá por delante de mi interés personal, y en el que yo ya no cuestionaré el relato en relación a lo que me pide. Por ejemplo, pagar los impuestos es uno de esos ejes sacrificiales: yo tengo que dar mi dinero, pero no puedo decidir lo que se hará con él. Exponer la propia vida participando en las guerras en las que interviene mi país es el eje sacrificial extremo. Existen muchos otros y esto es un verdadero peligro, en especial en los grupos de adolescentes. ¿Qué sacrificio se le pedirá al joven para firmar su sumisión a los valores del grupo?

Para anclar sus clichés, el relato colectivo habla de eternidad: la Francia eterna, cuyas fronteras no han hecho otra cosa que fluctuar al hilo de los siglos; el eterno femenino, que nos costaría una barbaridad definir sin caer en un sexismo ya superado; la Bretaña eterna, con sus cuencos de orejas con el nombre propio escrito que solamente compran los turistas. La causa tiene que ser noble y grandiosa y tiene que generar un contagio emocional para alimentar la ficción fusional. A todos nos encantan esos momentos, en un concierto, en una manifestación deportiva, en una acción colectiva o en un combate militante en los que sentimos un sublime unísono con nuestro grupo. En esos casos, bienvenido sea el contagio emocional tan temido en las conversaciones de salón si tiene como función federar al grupo en torno a una causa «justa». Así, para que las poblaciones se adhieran, las guerras se organizan en torno a una búsqueda épica, una cruzada laica o religiosa: recuperar Alsacia y Lorena, ir a recoger a Helena a Troya,[48] mantener el esclavismo en vigor en el sur de los Estados Unidos…

Lo que el viento se llevó, la famosa novela de Margaret Mitchell, transcurre durante la guerra de Secesión. La autora describe con mucho acierto la manera en la que los sudistas civiles sublimaban su vivencia de sufrimiento, de muerte y de hambruna, y justificaban esa guerra atroz convirtiéndola en un noble combate. Todo el mundo se alineaba

---

48. Diez años de guerra para permitirle al rey Agamenón recuperar a su esposa, que manifiestamente no tenía nada que decir…

con el relato colectivo aportando sus sacrificios como contribución a «la causa». Rhett Butler, el cínico protagonista de la historia, se pone en contra a toda la comunidad sudista, enunciando en unas pocas palabras unos hechos verificables por todos: antes de la guerra, simplemente hace observar que el Sur no tiene ni fábricas ni fundiciones, mientras que los yanquis las tienen a montones. Sus interlocutores, exaltados ante la idea de enfrentarse a esos mismos yanquis, echan espumarajos de rabia. Al final de la guerra, constata que la batalla considerada «decisiva» se hará entre 100 000 nordistas por un lado contra 40 000 sudistas por el otro. No afirma nada más que los hechos, pero es algo tan perturbador para el relato colectivo que la buena sociedad de Atlanta se revuelve y replica con altivez, seguramente para convencerse ella misma, que ¡un sudista vale por diez yanquis! *Lo que el viento se llevó* demuestra la fuerza de un relato colectivo: esa novela, que se convirtió en un *best seller* internacional, así como la película de culto que se sacó de ella, permitieron al relato colectivo sudista perdurar en forma de una leyenda nostálgica e idealizada. ¡Ah, cuán dulce y envidiable parecía la vida de los sudistas! ¡Ah, cuán justa y noble parecía su causa! ¡Leyendo a Margaret Mitchell, incluso se podría concluir que los esclavos negros estaban encantados de serlo y quedaron harto decepcionados de que los liberaran esos malditos yanquis!

A pesar de todas sus lagunas y sus inconvenientes, el relato colectivo es intocable. Cuestionar el mito es disolverlo. Decir la verdad se vuelve algo criminal, corre el riesgo de desintegrar al grupo.[49] La mayoría de los elementos del relato colectivo son también mitos que está prohibido matizar: la donación del órgano, la adopción, los coches eléctricos… No aventuréis el mínimo «Sí, pero…». La cohesión del grupo va por delante de cualquier consideración personal.

Los agujeros y las incoherencias del relato colectivo los soportan muy bien los normopensantes. Se sienten actores de ese relato, no guionistas. No les incumbe a ellos resolver las contradicciones del

---

49. Este mecanismo de defensa contra la verdad cobra toda su amplitud dramática en los casos de incesto. El mito de la familia unida y perfecta tan sólo se sostiene en el silencio de la víctima. Cuando se produce el desvelamiento, el niño/a que ha sufrido abusos soporta una enorme presión encaminada a obligarle a retractarse, a falta de lo cual la familia quedará literalmente atomizada.

guion. Su papel es mantener el relato en su sitio. Los sobreeficientes, en cambio, se sienten afectados por la verosimilitud del guion, y reaccionan como autores que quieren mejorar el esquema del relato. Su incesante cuestionamiento es profundamente estresante para los actores. Ahora que he comprendido el mecanismo, me divierto mucho viendo los numerosos golpes de ariete que incluís en el relato y las reacciones indignadas que suscitáis.

Porque es en eso en lo que, a semejanza de Rhett Butler, a los sobreeficientes se les da de maravilla conseguir que la gente los odie haciendo esa preguntita anodina que dinamita el edificio. Leyendo *Vuelo nocturno* (Antoine de Saint-Exupéry, 1931), podemos admirar el coraje de los valientes pioneros del servicio aeropostal o preguntarnos si el simple transporte del correo merecía realmente tantos sacrificios y tantos muertos. Asimismo, viendo a un cosmonauta a punto de embarcar en su lanzadera espacial, nos asistiría el derecho de preguntarnos: «¿Para qué querer conquistar el espacio? ¿Para qué ha servido ir a la Luna? ¡Tantas vidas, tanto tiempo, tanto dinero, tanta energía invertidos en esa causa vana! ¿No nos habría ido mejor si hubiéramos puesto esa misma cantidad de energía en vencer el hambre en el mundo?». Pero esa vana conquista espacial hace soñar a muchísimas personas: aprended a dejarles a los demás el derecho a abrazar el relato.

Si deseáis ver cómo puede un sobreeficiente desmontar metódicamente todos los clichés de un relato colectivo, os invito a leer el libro *En finir avec le couple*, de Stéphane Rose.[50] La pareja, como otros muchos conceptos, está encerrada en una historia colectiva que impide su cuestionamiento. Es muy lamentable, vista su triste realidad: una pareja de cada dos se divorcia. Los que siguen juntos, mayoritariamente soportan su vida de pareja con resignación. Las violencias conyugales y los feminicidios van en aumento. Así pues, sería urgente revisar esos clichés desgastados y nunca actualizados. Stéphane Rose denuncia la «normalidad arrogante» que impone sus normas, y va repasando uno a uno todos los mitos de la pareja, desde Cupido a la perla exótica, pasando por el entierro de la vida de soltero. Regocijante para aquel a

---

50. ROSE, Stéphane, *En finir avec le couple*, Ediciones La Musardine, 2020.

quien le guste revisar las situaciones dadas, exasperante para quien las suscriba.

Para concluir este capítulo, no me resisto al deseo de compartir con vosotros este famoso «chiste de cebra»[51] que resume de la mejor manera posible cómo pueden cargarse los sobreeficientes el relato colectivo:

«—¡Qué bien, es viernes! ¿Te alegras, Steve?

—Cualquier excitación por el «viernes» lo único que hace es demostrar que eres una esclava involuntaria de esa construcción social a la que llamamos la «semana». «Viernes» no es nada más que una falsa esperanza, cuyo objetivo es distraerte de la constatación de que la máquina te está oprimiendo en silencio. No eres más que un hámster en una rueda, Linda, demasiado ilusionada por el «viernes» para darte cuenta de que estás metida en una jaula.

—¡Ahí tienes por qué nadie te aprecia, Steve!».

Entonces, ¿hay que tocar los mitos? Ya lo habéis comprendido: más valdría evitarlo, porque son la argamasa de la cohesión del grupo. Pero es difícil encontrar una solución intermedia: o bien entra uno de plano en el relato, o se condena a quedarse algo fuera y a que le encuentren extraño, chocante o fastidioso. Pero siempre puede uno guardarse sus reflexiones para sí mismo.

---

51. En francés familiar se llama 'cebras' a las personas de pensamiento arborescente, que son las únicas a las que hace gracia este tipo de chiste. *(N. de la T.)*

Capítulo 6

La cohesión del grupo a cualquier precio

El imperio como unificador

Así, el relato colectivo sirve para darle alguna coherencia a la realidad imaginaria en la que se encerró el pobre *Sapiens* debido a su poder de abstracción. Sirve también como base a la cohesión del grupo. Esta cohesión es uno de los milagros realizados por *Sapiens*. El hombre es el campeón, fuera de categorías, de la cohesión de grupo. Ni siquiera los insectos lo hacen así de bien: la abeja se limita a colonias de 60 000 a 80 000 individuos, las termitas a unos millones, el ser humano supera los 1300 millones de individuos coordinados por el mismo gobierno, en China o en India. Gracias a esta increíble capacidad de cohesión, viven globalmente en paz los humanos sobre la Tierra. En efecto, aunque nuestros noticiarios televisados pongan la lupa en los pocos avisperos mundiales, actualmente las guerras sólo representan un pequeño porcentaje de los fallecimientos en el mundo. En unos milenios hemos pasado de incesantes guerras de clanes a una colaboración mundial prácticamente pacífica. Hoy día, los escasos puntos de discordia se refieren esencialmente a la apropiación de las reservas de energías fósiles. Basta con mirar su localización: la mayoría de los conflictos se sitúan sobre todo en puntos de paso –o sea, de control– de gaseoductos o de oleoductos. En el conjunto, y tomando mucha distancia, los 7800 mi-

llones de humanos[52] que pueblan la tierra se entienden extraordinariamente bien, y ello es gracias a esa maravillosa capacidad que tienen
para colaborar.[53]

¡Sin embargo, esto no era algo que se diera por hecho de antemano!
Porque *Sapiens* es una criatura xenófoba. Más de 2500 años después de
que Aristóteles conceptualizara el principio del tercero excluido, el
pensamiento humano sigue siendo esencialmente binario: el cuerpo o
el espíritu, lo verdadero o lo falso, las ciencias o las letras, la inteligencia
o la tontería, lo innato o lo adquirido, el bien o el mal... Pocas son las
mentes que tienen acceso al pensamiento complejo, a las opiniones
matizadas y a las elecciones inclusivas. Lo que hace que, en materia de
socialización, el ser humano funcione todavía mucho sobre el rechazo
visceral. Por un lado estamos «nosotros» y por el otro están «ellos»,
¡puaj! El racismo, el sexismo y el rechazo a la diferencia todavía tienen
un extraordinario predicamento en la mentalidad humana, y hay que
combatirlos a diario.

Aquí es donde podríais decirme: «Ahí te quería ver yo». Sería legítimo que objetarais: «¡Pero vamos a ver, Christel! ¿No funcionas tú también sobre terceros excluidos, oponiendo «nosotros», los sobreeficientes, a «ellos», los normopensantes?». Sí, en efecto ése es el caso, pero
sólo de manera parcial. Porque asumo que tengo que nombrar esas
diferencias para describirlas, pero reivindico procurar antes que nada
tender puentes para reducir una zanja que ya existía mucho antes que
yo. Mi oficio es una pasarela. Me aplico en describirle el uno al otro, lo
más objetiva y lo más factualmente posible, para que cada uno pueda
comprender al otro y desarrollar su tolerancia ante la diferencia. Esto
no me impide tener mi parte de subjetividad inconsciente ni dar conscientemente mi parecer sobre las fortalezas y las debilidades de los diferentes bandos. Pero me dirijo a personas inteligentes que sabrán tomar lo que les convenga, apropiárselo para su idea y dejar de lado el
resto. ¿No? Por desgracia, no todo el mundo ha llegado hasta ahí.

---

52. La población mundial se estimaba en 7800 millones en marzo de 2020.
53. En 2000, la guerra representaba el 1,5 % de los fallecimientos, frente al 2,25 %
    por accidente de carretera y el 1,45 % por suicidio.

Mientras esperamos a que se desarrolle la capacidad de *Sapiens* para tomar opciones inclusivas, el mejor medio que ha encontrado él para sortear esa intolerancia al tercero ha sido querer unificarlo todo. Así, para atajar sus angustias existenciales y colaborar sin masacrarse, el ser humano ha necesitado que el otro se le parezca. La lógica subyacente es la siguiente: si a ti te reconocemos como a uno de nosotros, no te ocurrirá nada enojoso. Si tú te muestras como otro, te estás buscando la exclusión y los problemas. En el pensamiento binario, la inclusión del tercero y la cohesión del grupo pasan forzosamente por la uniformización. Dentro de esta perspectiva, podemos por fin darle sentido a esa extraña voluntad de estandarizarlo todo y reconsiderar positivamente las nociones de imperio, religión y dinero.

Dado que el cotilleo ya no sirve para aglomerar a los individuos más allá de un centenar, el grupo tiene que dotarse de un jefe, y después de un relato colectivo. Más tarde, a medida que el grupo se va engrosando, necesita añadir otros adyuvantes para estabilizar su cohesión. Poco a poco, el grupo se dota de dispositivos sociales, legales y políticos, y luego de creencias, de normas y de valores reagrupados como religión, de tal manera que el conjunto da una visión unificada del mundo a la que llamamos «cultura». Esta cultura común es, de hecho, un instinto artificial que permite reconocer al otro como uno de los nuestros. Esta cultura, no fijada, conoce una evolución, movimientos internos, ajustes. Pero las culturas, inicialmente diversas, tienden a unificarse. Para que ya no existan «otros» amenazantes, hace falta una única religión predicada por un único profeta, y un único imperio creado por un único conquistador. Si es necesario, la unificación se hará en un baño de sangre, pero, amalgamando todas las pequeñas tribus que guerreaban entre sí, el imperio permite que «ellos» se conviertan en «nosotros». La conquista se hace en dos tiempos: primero, mediante la guerra; después, mediante la absorción de las minorías. En el primer tiempo, esto es muy violento: guerra, sometimiento, deportación, genocidio, masacres, saqueos, violaciones… Luego, en el segundo tiempo, llega una paz duradera. En la visión ideológica imperial, la autoridad del conquistador va acompañada de una obligación de difundir la justicia y la armonía sobre los territorios conquistados. El imperio ofrece a los vencidos las ventajas de una cultura avanzada y les hace la vida más fácil:

estandarización, infraestructuras, educación, paz, justicia y refinamiento. Rápidamente, a cambio de su sumisión, los vencidos disfrutarán de la protección y, sobre todo, de la prosperidad de su nuevo imperio.

Porque la prosperidad es, en efecto, la ventaja más importante que se persigue con la unificación. Todo ser humano es un cliente potencial. El trueque solamente es eficaz cuando se realiza sobre un número limitado de productos y de individuos. La moneda, más universal, logra hacer posible la colaboración incluso entre humanos que no se conocen, allí donde las demás tentativas de cohesión del grupo fracasan regularmente. Todo el mundo quiere dinero porque es fácil de intercambiar y de almacenar, y no caduca. El dinero es una interfaz entre los productos, los bienes y los servicios. Únicamente tiene valor en nuestra realidad imaginaria. Por otro lado, hoy día, el 90 % de la moneda es ficticia y se resume en un trueque de datos electrónicos. ¡Pero su poder unificador es excepcionalmente potente! Hoy, los auténticos imperios y los auténticos dirigentes son aquellos que poseen las mayores fortunas. Si bien el imperio, incluso financiero, sigue siendo el mejor medio de regular y de contrarrestar las guerras fratricidas, no sólo tiene ventajas.

Nos damos cuenta de que la creación de un imperio, mediante su proyecto de estandarización, mata la creatividad e induce a un estancamiento de los progresos técnicos. Además, un imperio es una estructura social obligatoriamente desigualitaria: son los poderosos los que encarnan y mantienen las instituciones. En todas las épocas, en estos imperios, encontramos las mismas características: la misma estructura estatal, el mismo estancamiento técnico, y más tarde los mismos proyectos megalómanos. Cuando a los poderosos no se los confronta con un contrapoder, ya no saben pararse. El declive de los imperios conlleva la caída de las civilizaciones. Tras la caída del Imperio romano, Europa prácticamente se quedó en la indigencia durante 600 años, involucionando incluso técnicamente. Se cumple una vez más la regla inmutable del aumento de la entropía: después de su edad de oro, las civilizaciones entran en decadencia y los imperios se vienen abajo de manera regular.

Cada uno puede sentir, en su nivel, hasta qué punto la cohesión de un grupo es un contrato tácito, frágil y siempre amenazado. Lo único que le permite al grupo resistir es la buena voluntad individual. Por este motivo, la cohesión del grupo exige muchas concesiones, la primera de las cuales es renunciar uno a su independencia de mente y a su individualidad. Hemos visto que podía tratarse tanto de una elección deliberada como de una sumisión ciega. Evidentemente, en muchos casos esto es una buenísima opción: vivimos con placidez, nos sentimos integrados, no generamos olas inútiles, y es un proceso en el que todo el mundo gana. La aparente sumisión al grupo es, pues, necesaria para vivir en paz. Todos deben «jugar el juego», o sea, aceptar la combinación de la postura y la connivencia, evidentes para la mayoría de las personas, pero que los sobreeficientes miran con extrañeza y pesadumbre.

Comprender la noción de postura

Los neurotípicos quieren estar en paz y seguridad en sus relaciones. Para ello, están dispuestos a hacer numerosas concesiones y a respetar muchas reglas no escritas. Más allá de suscribir el relato colectivo sin cuestionarlo, aceptan también el juego de las «posturas», que permite identificar muy rápidamente quién es quién y dónde situarse uno en relación con su interlocutor en la escala social.

Para comprender mejor esta noción de postura, os invito a recordar a ciertos humoristas y sus *sketches*. Los imitadores saben captar y amplificar los rasgos de las personalidades a las que imitan. Los humoristas, a su vez, crean personajes híbridos, muchas veces a partir de una mezcla de varias fuentes de inspiración. No obstante, sus personajes son perfectamente reconocibles e identificables. En mi opinión, Florence Floresti es la humorista que mejor ha captado esta noción de «postura» a través de la galería de personajes que interpretó entre 2004 y 2006 en la emisión *On a tout essayé*, de Laurent Ruquier. Si tenéis ocasión de volver a ver esos *sketches*, observad hasta qué punto todo está perfectamente ajustado al modelo en cada uno de los personajes: el vestuario, la modulación de la frase, las mímicas, los gestos y, sobre todo, el discurso. Muchos recuerdan con gozo a Brigitte, la joven descerebrada que tenía 24 años y 12 meses de edad; a Clotilde, la estudiante de secundaria revolucionaria y rebelde, «superenfadada»; a Anne-Sophie de la Coquillette,[54] la castellana, madre de Charles-Apollon y esposa de Jean-Childebert; a Michelle *deux L-E*,[55] habitante muy masculina de Montfion-sur-Orge;[56] o a Dominique Pipeau,[57] esa mujer política más auténtica que las naturales, ministra de Asuntos Problemáticos. Ciertos humoristas consiguen incluso hacer de sus personajes un concepto en toda regla. Por ejemplo, «el rubio», de Gad Elmaleh, ese hombre perfecto que acomplejaba a todos los demás, o «la chica con talento para el amor», envidiada por Florence Foresti, que también creó después el concepto de las «mamás tranquilas».

La postura comprende diferentes elementos. El primero y más importante es el vestuario. Muchas personas se miran de hito en hito para medirse al primer golpe de vista. Todo se juega en una fracción de segundo. Por eso se dice que la ocasión de dar una buena primera impresión no se presenta dos veces. Algunos parecen saberse al dedillo la jerarquía de las marcas de lujo y el precio de los objetos: relojes, coches, joyas, bolsos de mano… Y esto empieza ya en el patio de recreo, en el que a los niños vestidos con ropa barata se les llama «Tex», en referencia a una de las marcas de supermercado. He tenido la ocasión de comprobar esto más de una vez: a la mayoría de los sobreeficientes les importa poco estas sutilezas y serían totalmente incapaces de decir la marca de un reloj o el precio de un par de zapatos. Los normopensantes, por su parte, parecen conocer bien los códigos de vestimenta de los diferentes medios, lo cual les permite situar muy rápidamente a sus interlocutores y posicionarse en la interacción, en función del nivel social que muestren. ¿Vamos todos de uniforme? Parecería que sí. Negarse a llevar el código de vestimenta vigente es incluso un mensaje enviado a vuestro interlocutor: con él indicáis que os negáis a jugar al juego de las posturas. La estandarización es indispensable, más allá de cierto número de

---

54. «Ana-Sofía de la Conchita». *(N. de la T.)*
55. *Deux L-E* significa «dos eles – E»; es la precisión que da el propio personaje sobre la ortografía de su nombre (que también podría escribirse *Michèle*). *(N. de la T.)*
56. *Montfion-sur-Orge* parece a simple vista un nombre común de pueblo francés, pero fonéticamente significa también «mi trasero en la cebada». *(N. de la T.)*
57. *Pipeau* significa «reclamo para pájaros, señuelo». *(N. de la T.)*

individuos, para mantener la coherencia, el compás y la eficacia, pero también el sentimiento de pertenencia.

Elogio del uniforme

«Es preciso que el soldado ame su profesión, que ponga en ella sus gustos y su honor. He ahí por qué son útiles unos uniformes bonitos, porque una nadería hace muchas veces que se mantengan firmes en el campo de batalla a personas que, de no ser por eso, no se quedarían». Napoleón Bonaparte.

El *summum* de la postura exhibida como signo de reconocimiento es el uniforme. Antaño, los militares combatían enfundados en uniformes prestigiosos y llamativos, fácilmente reconocibles. Los soldados de azul a un lado, los soldados de rojo al otro, teniendo tanto unos como otros su respectivo cupo de galones dorados, charreteras, borlas y otros gorros de piel. Hubo que esperar al final de la Primera Guerra Mundial para que los militares descubrieran las virtudes de la ropa de camuflaje.

Para mí, que fui gimnasta y luego azafata, ir de uniforme tiene sentido. He de decir que me encantó llevar el uniforme: da un auténtico sentimiento de pertenencia. En las competiciones de gimnasia, desfilábamos todos con emblemas en la ropa. De un vistazo, era posible identificar a los diferentes clubes de gimnasia solamente por los colores de los maillots de sus atletas. Igualmente, en los aeropuertos, cuando está uno iniciado, es fácil identificar qué tripulaciones pertenecen a qué compañías aéreas.[58] Por supuesto, en términos absolutos, no son los cuatro galones que ostenta un comandante piloto en las hombreras de su camisa los que le ayudarán a hacer que despegue el avión, pero ir de uniforme permite saber quién se encarga de cuáles funciones y que los pasajeros nos puedan identificar. Simplifica también el paso de los controles de policía o de aduana. Lo mismo ocurre en un gran almacén: ¡qué alivio poder identificar fácilmente a los vendedores cuando uno necesita una información! En fin, se piense lo que se piense, el

---

58. Los no iniciados nos interpelan en el aeropuerto para preguntarnos dónde están los aseos y por qué puerta llega el avión de su prima Berta.

uniforme está por todas partes: ir de paisano en un baile de gala o en un carnaval sería algo totalmente fuera de lugar.

¿El hábito hace al monje?

«El hábito no hace al monje» dice el refrán. Esto es parcialmente falso. Si bien es exacto que no basta con llevar el sayal para ser un buen monje, ¡anda y adivina tú que estás tratando con un monje cuando está en bañador en una playa! Aunque sea moralmente perturbador, el traje juega su papel sobre la percepción que tenemos unos de otros. Todos confiaremos más fácilmente en alguien que va limpio y bien vestido que en una persona que parece un vagabundo. Se realizan regularmente experimentos sociológicos para ver el impacto de la vestimenta en las reacciones de la gente. El mismo hombre tendrá muchas más posibilidades de que le cojan en autostop si va de traje y corbata que si va vestido como un macarra. Peor; recientemente se hizo el experimento filmado de poner a una niña sola a deambular por la calle. Cuando iba vestida de pequeña burguesa, la gente se paraba amablemente para preguntarle si se había perdido; pero cuando exhibía ropa de pobre, los viandantes la ignoraban. Y eso que era la misma niña.

Finalmente, el uniforme escolar en los colegios parece tener cosas buenas: permitir borrar parcialmente las señales exteriores de riqueza, ofrecer a todos una pseudo base de igualdad y también colocar a todos los alumnos en las «energías estudiosas» contenidas en el traje.

La energía de nuestra ropa

Aunque todo esto pueda parecer arbitrario, un yudoca se siente mucho más yudoca cuando se pone el kimono. El atuendo influye mucho en la manera en la que nos sentimos y en la que nos comportamos. En albornoz, yo tendré tendencia a estar perezosa, en vaqueros a sentirme relajada, en traje sastre a ponerme derecha, y cuando me pongo las zapatillas de *running*, a sentir en los pies deseos de trotar. Por eso soy partidaria de la ropa de fiesta, de gala, de domingo, de deporte, porque nos comunican su energía y participan en la ritualización de nuestros momentos más preciados. Por ejemplo, me parece una lástima ir a un concierto clásico vestida de diario. Aunque la música se oye igual de bien en vaqueros y zapatillas que en traje de noche, se priva uno del placer de hacer de ese momento un momento excepcional, fuera de lo cotidiano. Vestirse elegantemente forma parte del refinamiento del instante.

Ciertamente, no es moral incitar a la gente a que le entren ganas de dejarse matar por una bandera o por el honor de llevar un uniforme bonito. Sin embargo, de modo global Napoleón tenía razón: el uniforme galvaniza. Cuando yo iba en un avión disfrazada de azafata, me sentía capaz —caso de haberlo exigido la situación— de dejarme achicharrar dentro del avión en llamas hasta haber sacado de allí al último pasajero (menos mal que aquello nunca se produjo). Desde que viajo de paisano, siento que, objetivamente, me importa mucho menos la suerte de los demás ocupantes.

Adoptar los códigos de vestimenta

Los sobreeficientes están incómodos con estas sutilezas de vestuario. Juzgar a la gente por su apariencia les parece mezquino. ¡Valiente idea, intentar adivinar el monto de tus rentas tomando como base el reloj que exhibes! Cuando no están encerrados en su falso *yo* ávido de sobreadaptación, les trae completamente sin cuidado su apariencia, se encogen de hombros, se visten en función del humor de cada momento y suelen privilegiar la comodidad en detrimento de la apariencia. A veces incluso ponen en ello un toque de independencia o de rebeldía. Pocos de ellos se dan cuenta de hasta qué punto se desacreditan y se complican la vida al no adoptar el atuendo adecuado. Nicolas es jefe de empresa y forma parte de un club de jóvenes emprendedores. Cuando le hablo de estas nociones, confirma que conoce perfectamente los códigos de vestimenta de su medio y confiesa que «no juega el juego» en reuniones con sus pares, parte por desprecio de esas convenciones artificiales y parte por espíritu de provocación. Así, sabe de sobra que, aunque se suponga que en esos encuentros los participantes llevan ropa *casual*, él no lleva el polo «adecuado», los vaqueros «adecuados» ni las deportivas «adecuadas», y sobre todo no exhibe el reloj «adecuado». Departiendo conmigo sobre este tema, Nicolas comprende que sería facilísimo estar integrado y que él solo se excluye del círculo, lo cual es tanto más idiota cuanto que posee las prendas apropiados en su vestidor. Damien, por su parte, se queja de no llegar a captar los códigos de vestuario de sus colegas y de no estar al día en su empresa. Me extraña: basta con observar y copiar. Evidentemente, enseguida salta a la vista que si Damien no lo logra, es porque una parte de él, a la que todo eso le parece fútil, pone mala voluntad. Entonces, le cuento lo que os acabo de explicar más arriba. Bruscamente se le ilumina el rostro. Ha sido bombero y policía, así que comprende perfectamente lo que digo a propósito del uniforme. Recuerda hasta qué punto era fácil vestirse por la mañana y rememora con nostalgia el maravilloso sentimiento de pertenencia que sentía cuando iba de uniforme y de misión con sus compañeros. ¡Oh, qué de acuerdo estoy con él! Le digo: «Pues tus compañeros de ahora tienen exactamente ese mismo sentimiento de pertenencia cuando exhiben su código de vestimenta». Veo en su expresión que esta vez sí que lo ha entendido. Sí, la noción de uniforme es menos obvia en el mundo de los civiles, pero procura la misma sensación estimulante de pertenencia. Estoy segura de que, a partir del lunes siguiente, Damien no sólo estará a tono, sino que además lo disfrutará.

Para pediros que midáis la importancia que tienen para algunos la postura y los signos externos de riqueza, aquí tenéis otra anécdota: Louise me cuenta que trabaja de asistenta en casa de una pareja, que no son muy ricos, porque la señora es profesora de instituto. ¡Su patrona le explica con desdén que el lujo ya no es lo que era! Que hoy cualquiera puede permitirse un bolso de un gran modisto. Pero que ella, más listilla que las demás, se busca sus mañas. Por eso está en lista de espera para que, pronto, le manden un bolso de lujo de edición limitada, de un precio desorbitado. Louise concluye riéndose: «Me enseñó toda orgullosa la página de Internet, pero yo lo único que vi fue un bolso de mano bastante anodino, y seguramente no tuve la reacción de admiración envidiosa que ella daba por descontada, porque se enfurruñó». ¡Qué frustrante tiene que ser intentar impresionar a una sobreeficiente a la que no le importan los códigos del lujo!

De la modulación a la jerga

Dentro de la postura, el vocabulario y la modulación tienen su importancia. La manera en la que os expresáis, las palabras elegidas, la mímica y los gestos que acompañan vuestro discurso firman indefectiblemente vuestro origen sociocultural. Así nos damos cuenta de que las personas que tienen acento meridional son profesionalmente menos creíbles que las que tienen acento parisino, y de que el habla de los jóvenes de extrarradio les cierra las puertas de la contratación. Los primeros se aplican en perder su acento. Los segundos, directamente, deben tomar clases de lengua para que dejen de estigmatizarlos.

Hará unos treinta años, el trío de humoristas «Les inconnus» tuvo un talento particular para remedar y caricaturizar ese aspecto de la postura en sus *sketches*: de los jóvenes de extrarradio a los burgueses de «Auteuil, Neuilly, Passy» pasando por casi todas las profesiones y corporaciones. Todas las veces supieron reproducir de una manera asombrosamente fiel las características del vocabulario y de la modulación, incluso en las entonaciones.

Nuestro lenguaje cotidiano está plagado de términos técnicos o deportivos, de vocabulario bancario o inmobiliario, de nociones contables o comerciales, incluso de galimatías médicos o jurídicos. Si os hablo de «pitch» o de «swing», deduciréis que juego al golf. Si pronuncio las palabras «solfeo» o «escala diatónica», adivinaréis que os estoy hablando de música. Si conozco la diferencia entre el paracetamol y el ácido acetilsalicílico, es probable que pertenezca al cuerpo médico. Cada círculo tiene su jerga. Nos podrán identificar con un medio según la soltura con la que manejemos su terminología. Cuanto más dominéis el vocabulario específico de un grupo, más emanará de vosotros un aura de competencia. Eso reforzará vuestra complicidad con vuestros pares. La jerga une a los miembros y excluye a los profanos. En ciertos medios, esto llega a ser incluso caricaturesco. Ese galimatías, deliberadamente oscuro, sirve tanto para mistificar a los ignorantes como para enmascarar la potencial incompetencia de sus usuarios. No os dejéis impresionar más por ninguna palabrería: aprender el léxico de un cenáculo es más simple de lo que se cree, basta con interesarse por ello sinceramente.

Esta noción de postura está tan integrada en el funcionamiento humano que incluso los contrarios la utilizan para refutar. Así, en su libro *Les «surdoués» et les autres*,[59] Carlos Tinoco observa: «Incluso los medios alternativos, que reivindican explícitamente el inconformismo y la rebelión, son extraordinariamente productores de normas, y la actitud mayoritaria consiste en utilizar esas normas exactamente de la misma manera que en todo el resto de la sociedad: pegándose a ellas lo más estrechamente posible para garantizar uno su pertenencia y edificando una moral que permita condenar cualquier discrepancia[60]».

Así, en todos los medios, incluso en los supuestamente rebeldes, la mayoría de las personas se aplican en pegarse a los personajes cuya postura se quieren calzar. Cada medio tiene sus códigos. De buena gana se os perdonará que critiquéis frontalmente a un medio si no formáis parte de él. En cambio, os lo tomarán muy en cuenta si se supone que pertenecéis a ese medio y no «jugáis su juego». Por otro lado, esta expresión «jugar el juego» os da una idea precisa de la connivencia que une a las personas dentro de ese mecanismo relacional que es la postura.

La connivencia

La connivencia es la segunda hoja del díptico de esta increíble cohesión social de la que son capaces los seres humanos.

Imaginad la escena siguiente: se va a representar una función de *El Cid*[61] en un escenario de teatro. Los actores evidentemente llevan trajes del siglo XVII. Tienen aprendido el texto, saben cuándo y cómo soltar sus tiradas. Se ha revisado toda la coreografía de sus desplazamientos. Saben en qué lugar del escenario tienen que colocarse. Todo el mundo

---

59. TINOCO, Carlos; BLASCO, Philippe y GIANOLA, Sandrine, *Les «surdoués» et les autres*, J.C. Lattès, 2018.

60. Obsérvese, de paso, el dominio que tiene Carlos Tinoco del dialecto universitario.

61. Se refiere a *Le Cid*, obra dramática de Corneille estrenada en 1636 y basada en la historia del Cid glosada en el romancero clásico castellano y en *Las mocedades del Cid* de Guillén de Castro (hacia 1615). *(N. de la T.)*

está listo. La representación puede empezar. Pero, por ese escenario, aparece paseándose un turista indolente con la nariz empinada. En el momento en que don Diego le espeta a su hijo su famosa tirada: «Rodrigo, ¿tienes valor?», el paseante sorprendido se vuelve hacia el actor y le pregunta: «¿Por qué dices eso?». El actor, cortado, podría contestar: «¡Pues porque viene en el texto!». ¿Qué otra cosa contestar? «¡Pues vaya texto más raro!», podría enlazar el turista. «¿Sabes? Podrías hablar en tu propio nombre. Por otra parte, ¿quién eres tú cuando no te tomas por don Diego? Y además, ¿por qué vestirte así? Ésa no es tu verdadera naturaleza». Todos los actores saben que están interpretando una función y disfrutan haciéndolo. Así que se disponen a pasar un rato excelente. ¡El que echa a perder la función es ese zafio turista! De modo que les entrarán unas ganas furiosas de que se calle. Se instalará un silencio incómodo durante el tiempo que tarde el turista en comprender que está molestando y se vaya. Pero si el turista insiste, se expone a que lo echen del escenario sin contemplaciones. Esto es aproximadamente lo que ocurre en las veladas a las que os invitan. La vida es un teatro. Todo el mundo lo sabe, lo acepta y se regocija, excepto los sobreeficientes. ¿Comprendéis ahora la naturaleza del sentimiento de incomodidad que se instala a vuestro paso?

¿Qué hacer con lo que vais descubriendo de estas nociones de postura y de connivencia? Quizá, en un primer momento, podéis simplemente tomar conciencia de que de forma intuitiva todo esto lo sabíais, pero que os parecía harto vano y fútil, porque no le poníais ese sentido de cohesión y de seguridad. Hasta ahora, os habéis negado a tomar en consideración mensajes transmitidos a través de los elementos del atuendo y el vocabulario del otro. La postura no os interesaba, vosotros queríais comunicaros de ser humano a ser humano, de igual a igual, sin tener en cuenta las apariencias. ¿Os dais cuenta ahora de hasta qué punto habéis podido desestabilizar a vuestros interlocutores al no tomar en cuenta todos los esfuerzos que habían asumido ellos para daros las indicaciones útiles relativas a su postura? También los habéis ofendido mucho al rechazar la connivencia a la que os invitaban. Así que, en un segundo momento, ¿quizá podáis aceptar que pueda ser útil respetar esos códigos, por muy «ridículos» que os puedan parecer a primera vista?

Jugar el juego

«Jugar el juego» quiere decir a la vez seguir las reglas aparentes… en apariencia, y conocer también las reglas implícitas y jugarlas discretamente para «salir del paso». De nuevo es Éric Berne, en análisis transaccional, el que mejor ha señalado la existencia de «transacciones con trampa», dado que nuestra comunicación tiene un nivel aparente y unas implicaciones ocultas. Parece que los normopensantes tienen perfectamente integradas la mayoría de esas implicaciones ocultas y que los sobreeficientes las perciben muy poco. Son esos célebres «sobreentendidos» los que os faltan para captar qué partida se está jugando bajo mano.

En la función de teatro *Topaze*, de Marcel Pagnol, un profesor íntegro es expulsado de un colegio privado por no haber comprendido un chantaje implícito: le pedían que amañara las notas de un alumno cuyos padres eran adinerados e influyentes, a cambio de lo cual se le concederían las *palmes académiques*.[62] La escena es sabrosa y muy explícita. Todo el mundo comprende con claridad los envites ocultos, incluidos los espectadores. ¡E incluso los espectadores sobreeficientes! El profesor es el único que no capta ninguna de las contundentes alusiones. Es divertidísimo. Ese profesor ingenuo obtendrá finalmente su revancha, porque a lo largo de la función va comprendiendo, aprende y después aplica las reglas de ese mundo cínico. Acabará rico, poderoso y amado. Bueno, amado por su dinero, pero como eso forma parte de los juegos de poder, se conformará de buen grado con ello.

Para empezar a comprender los sobreentendidos, antes de nada hay que desdramatizarlos: eso fue lo que hizo Topaze al renunciar a su pureza. Eso no es hacer trampa, no es hipocresía. La vida es un juego. Os recuerdo que estamos en una realidad imaginaria. De modo que ¡divertíos! En su novela iniciática *Ilusiones*, Richard Bach considera que la vida sólo está hecha para aprender y para divertirse. Le hace decir a Shimoda, su recalcitrante mesías: «Nosotros *[los humanos]* somos cria-

---

62. Las *palmes académiques* (palmas académicas) son la máxima condecoración civil francesa, cuyo prestigio es análogo al de la Legión de Honor en el mundo militar. *(N. de la T.)*

turas jugadoras y risueñas como las nutrias. Somos las nutrias del universo». En su visión cuántica del mundo, está convencido de que cada uno de nosotros vive solamente aquello que él mismo autoriza a penetrar en su imaginación. En eso se reúne con Joe Dispenza y con todo ese movimiento que cree en el pensamiento creador.

Se juega un papel,[63] se juega un partido de fútbol, se juega una partida de cartas... Jugamos a juegos de vídeo que nos pueden hacer pasar un susto de muerte. Mientras escribo estas líneas me acuerdo de una amiga mía que daba alaridos de espanto porque a su personajillo, en la pantalla, lo perseguían unas babosas gigantes. Ella lloraba de estrés, nosotros llorábamos de risa. Uno se puede tomar muy en serio la partida que está en marcha, y también la puede jugar con humor y ligereza. Cada vez más encerrados en su realidad imaginaria, los humanos tienen tendencia a tomárselo todo en serio, incluido un simple partido de fútbol. ¿Por qué insultar al árbitro y destrozar las tribunas? ¡Ahora los clubs *amateurs* tienen que recordarles a los padres que el partido de sus vástagos no puntúa para la Copa del Mundo! Es desolador. Con su hipersensibilidad, los sobreeficientes a veces dramatizan todavía más que los otros, y muchas veces a contracorriente. El pensamiento complejo complica las cosas simples y simplifica las complicadas. Me parece que, de la misma manera, sabe afrontar los verdaderos dramas con perspectiva, pero dramatiza lo cotidiano. ¿Verdad? ¡Así que respiramos hondo y sonreímos! Shimoda tenía razón. La vida está hecha para ser divertida. Al igual que al ser humano le gustan las historias, le encantan también los juegos de todas clases: competiciones deportivas, juegos televisados, juegos de sociedad... Y, cuando se pone a jugar una partida, se le olvida la realidad exterior. ¿Os habéis dado cuenta de que, cuando jugáis, al tirar los dados, al avanzar las fichas, al contar los puntos, estáis totalmente hipnotizados por la partida que está en marcha y desconectados de vuestro día a día, que por cierto también está

---

63. Para no romper la lógica semántica de la serie de ejemplos, modifico ligeramente el original, que dice «se interpreta una función de teatro», porque «jugar un papel» es la única colocación en la que el castellano permite el uso del verbo «jugar» con un sentido análogo al que utiliza aquí la autora. *(N. de la T.)*

117

atascado en su realidad imaginaria? Ah, este gran cerebro encerrado en su virtualidad. ¡Imposible despertarse!

Pues para hacer un paralelismo, podríamos decir que la vida en sociedad es un juego… de sociedad, justamente; una especie de Monopoly® gigante. Algunos se divierten mucho jugando, otros se desesperan. El Monopoly® incluye las posibilidades de arruinarse, de ir a la cárcel o de hacer fortuna. Los buenos jugadores aceptan perfectamente estas reglas.[64] Ahí tenéis quizá por qué la existencia de personas sin hogar, al igual que los escándalos financieros, tampoco le hacen mayor sensación a la mayoría de la gente. Han jugado y han perdido: forma parte del juego. Los que están metidos en el juego y han sabido salir airosos están orgullosos y aliviados. ¡Por nada del mundo cederían su sitio o harían algo que pudiera eyectarlos del carrusel! No desmarcarse, no significarse, jugar el juego y lubricar las relaciones con los que lo instauraron, eso es lo esencial de los sobreentendidos. Lo que está enmascarado, pero a fin de cuentas no tanto, es la sumisión sincera a la regla colectiva, por muy arbitraria que sea. Porque en el juego social no hay nada tan nuevo o tan diferente de los demás juegos de sociedad. Todos los juegos tienen sus reglas, todas a cuál más arbitraria y todas perfectamente aceptadas en todas las ocasiones. El futbolista acepta de antemano no coger nunca el balón con las manos. Aceptad, pues, el juego de las posturas y el de la connivencia.

A riesgo de escandalizaros, yo incluso iría más lejos. Jugar al Monopoly® respetando las reglas es profundamente aburrido. Esperas turno, echas los dados, sufres el número de casillas, las consignas que te leen en las cartas que te salen al azar… Esperas pasar por la casilla adecuada, tener suficiente dinero (¡ficticio, os lo recuerdo!) para comprarte un terreno, un hotel o una estación… La buena fortuna se deja totalmente al azar de los dados y de las cartas. Pero intentad un día jugar al Monopoly® haciendo trampas: ¡el juego se vuelve de inmediato divertidísimo y muy excitante! Se trata simplemente, a espaldas de los demás jugadores, de birlar unos cuantos billetes, de añadir discretamen-

---

64. Los jugadores ocasionales se quejan de que les han tocado malas cartas. Los jugadores profesionales saben que el reparto de cartas es fluctuante y que, al hilo de las partidas, a uno le habrán pasado todas las cartas por las manos.

te una casa en un terreno, de cargar los dados, de contar y tropezar torpemente cuando estás moviendo tu ficha para elegir la casilla en la que aterrizas o de volver a barajar las cartas para sacar la que nos viene bien. ¡Qué divertido! ¡Qué estupendo! Si identificamos a otro jugador que esté haciendo trampas, se instala la connivencia, nos volvemos cómplices y solidarios, nos echamos un capote y nos reenviamos el ascensor. Los jugadores «íntegros», o sea, los que juegan en grado literal, se aburren y pierden. Los tramposos ganan y se van poniendo cada vez más alegres... ¿Os escandaliza esto? ¡Si no es más que un juego! No le habéis robado nada a nadie, a no ser falsa moneda de papel, en una simple partida de juego de mesa, en lo que dura un domingo lluvioso. ¡Mirad lo estresados que estáis! A fin de cuentas, ¡tenéis por leyes inmutables las tontas y muy arbitrarias reglas de un juego de Monopoly®! La vida no es más seria que un juego de Monopoly®. ¡A *Sapiens* le importunan las reglas en las que él solito se encerró. Por un lado están los tramposos que se divierten y se llenan los bolsillos; por el otro los perdedores, que se consuelan organizando aperitivos y barbacoas con sus congéneres, y en el medio los sobreeficientes perdidos y escandalizados. Son ellos los que plantean más problema a la sociedad, porque los jugadores más exasperantes no son los que hacen trampas, sino los que refutan sin cesar las reglas del juego. ¡Intentad jugar al pinacle con un jugador de tarot que está constantemente criticando la manera en la que contáis los puntos! Ese comportamiento del sobreeficiente es, en verdad, lo que molesta a los demás en sociedad: haga lo que haga, se trasluce su no adhesión. Se aprecia su falta de entusiasmo, su lado burlón. No juega el juego, no da la réplica adecuada, rompe el impulso y amortigua el entusiasmo de los demás jugadores.

¡La regla es la regla!

Cuando os queréis afiliar a un club o a una asociación, rellenáis el formulario de inscripción tal como os lo presentan: Apellido, Nombre, Dirección, etc. Podéis interrogaros sobre la pertinencia de los datos solicitados, pero ciertos campos de respuesta son obligatorios. Si no los rellenáis, la solicitud no se aceptará. Podríamos decir que con nuestra sociedad ocurre lo mismo. Si no rellenáis las casillas adecuadas, no se os integrará.

Ese sobreentendido que se os escapa, a fin de cuentas, viene siendo el mismo desde el parvulario: tú obedece al sistema sin cuestionarlo y se te recompensará. En materia de reglas sociales, se espera de vosotros una forma de obediencia por adelantado, una adhesión de principio a las reglas colectivas. Es un intercambio de buenos procederes. Si tú suscribes las reglas, el grupo te confirmará tu pertenencia. Una vez que has comprendido eso, todos los rituales que te parecían absurdos cobran sentido.

Cuántas veces he oído a un sobreeficiente criticar esas entrevistas de trabajo, mal planteadas, «¡que en absoluto permiten medir la competencia del candidato!» Es un error de apreciación. Están muy bien planteadas para testar la principal competencia que se espera de vosotros: vuestro instinto de sumisión que permitirá integraros en un equipo, también, a su vez, sometido al sistema. Así fue como, de muy jovencilla, suspendí la oposición de ingreso en Air France. Había una prueba de grupo cuya consigna era construir juntos «la ciudad del futuro».

Yo no comprendía por qué los demás candidatos se empeñaban tanto en poner las HLM[65] al lado de las vías del tren. Yo tenía la proporción adecuada en estatura-peso-estética y mi examen médico era válido. Era la que nadaba más deprisa. Me sabía de memoria los gestos de primeros auxilios y las normas aeronáuticas de seguridad, ¡pero mi discurso izquierdista y humanista sobre las HLM no debió de gustarles en absoluto a los examinadores! Por suerte para mí, las compañías aéreas regionales eran menos miradas en ese aspecto y, no sin dificultad, aceptaron a aquella empleada subversiva que era yo.

Otro tanto ocurre con los títulos. Mathieu, estudiante de tercer año de arquitectura, me dice: «Me deprimí y angustié mucho hasta que comprendí el problema: lo que aprendo en la escuela de arquitectura es

---

65. Estas siglas significan «Habitations à Loyer Modéré» (viviendas de alquiler moderado), y designan un tipo muy reconocible de bloques de pisos modestos, bastante comunes en las barriadas de extrarradio de las grandes ciudades francesas. (N. de la T.)

simplemente para sacar el título. ¡Y, cuando tenga ese papel, en absoluto estaré preparado para ejercer el oficio de arquitecto!». El contenido de los estudios y las modalidades de obtención de los títulos son una gran fuente de malestar para la mayoría de los sobreeficientes. Ciertamente es eso lo que más alimenta su sentimiento de impostura.

Isabelle me cuenta una conversación reciente, muy penosa, con un invitado durante una velada. Era a propósito de las ondas 5G. Ella argumenta con hechos, él le contesta aberraciones y falsedades y la discusión se envenena. Ella espera a estar acorralada para confesar que tiene el título de ingeniera. Su interlocutor se separa de ella profundamente ofendido.

Le comento: «Si hubieras dicho inmediatamente que eres ingeniera, no habrías perdido todo ese tiempo argumentando frente a un profano y no habrías humillado a tu interlocutor. Seguramente pensaría que le dejaste hundirse aposta para que quedara más claro lo imbécil que era. ¿Por qué no lo has dicho de entrada?». Isabelle, toda apurada, me contesta con voz vacilante: «Porque de sobra sé cómo se sacan esos títulos». Efectivamente, sabemos que los estudios universitarios están lastrados por su conformismo y gangrenados internamente por los juegos de poder. Esto no va a cambiar tan rápido. Así que para dejar de vivir vuestro título como una impostura, tomadlo como el «uno» en un juego de cartas. En el juego del tarot sólo vale un punto, pero al pinacle es un as. Vuestro título tiene exactamente el valor que le da el mundo normopensante. No lo depreciéis más. En paralelo, para estar en concordancia con vuestras propias exigencias, considerad que el verdadero aprendizaje empieza después del título, y completad vuestra formación a vuestro ritmo y cada uno según vuestra idea.

Para dejar de estar refutando permanentemente al sistema, lo mejor es aceptar de una vez por todas la idea de que las reglas son forzosamente arbitrarias, y que testar la sumisión al sistema en una entrevista de trabajo es una razón tan válida como testar la competencia técnica del candidato. Si es técnicamente competente, pero humanamente insoportable, será contraproducente para la empresa. En resumen, ¡la regla es la regla! ¿Por qué, por unos milímetros, está uno «fuera de juego»? Porque sí.

Del rito de iniciación a la novatada

La sociedad considera que formar parte del grupo es algo que uno se tiene que merecer, y que querer salirse de él se castiga. Si no eres de los nuestros, eres de los otros y amenazas al grupo. Los electrones libres, aún más subversivos, deben volver rápidamente a la fila. En todos los tiempos, la comunidad ha testado y puesto a prueba la lealtad de sus miembros y su obediencia a los códigos colectivos. También en todos los tiempos los infractores han pagado cara su sedición. Se ha excluido a las «ovejas negras» de las tribus y se ha quemado a las brujas, esas mujeres demasiado libres que pretendían elegir ellas a sus amantes. Se creó la Inquisición para sacar a la luz a los disidentes religiosos que osaban cuestionar la doctrina.

Se persiguió a los comunistas en los Estados Unidos y a los capitalistas en la Unión Soviética... Dentro del mismo espíritu, pocos lo saben, pero la «cencerrada» medieval distaba mucho de ser un bullicio inofensivo. Era un ritual punitivo popular, cuyo objeto era sancionar a las personas que hubieran infringido los valores morales o las tradiciones de la comunidad. A los recalcitrantes se les zurraba y humillaba hasta que se sometían.

Hasta no hace tanto tiempo, a pesar de su violencia y los traumas que generaban, las novatadas se consideraban inofensivos rituales de incorporación. Hoy se intenta obrar de tal manera que las «jornadas de integración» de las grandes escuelas sean más festivas y más pedagógicas.[66] Hoy día, la violencia del grupo frente a la independencia o la disidencia de uno de sus miembros no es menor, pero sí es menos física: se hace cada vez más mediante acoso y con la interposición de una red social. Se habla de «linchamiento mediático». Es toda la sinergia del grupo la que se defiende contra los elementos perturbadores. Va en ello la cohesión del conjunto.

---

66. Hubo aún recientemente otro muerto por ahogamiento, ya que a una escuela militar, a modo de novatada para los alumnos nuevos, se le ocurrió la idea, estúpida y sádica, de hacerles cruzar a nado y de noche un lago a 10° C.

Las represalias que esperan a los disidentes

Durante mucho tiempo creí que los normopensantes no comprendían nada del acoso. Eso daba una explicación aceptable a su pasividad, que muchas veces me parecía rayana en complicidad. El descubrimiento de la regla «No se molesta a los poderosos en sus chanchullos» añadió una dimensión de temor y de sumisión a su inacción. Aquello seguía siendo aceptable, aunque a mí me parecía un poco cobarde. Pero hoy estoy convencida de que, en una gran mayoría de los casos, ¡los normopensantes piensan que el sobreeficiente que sufre acoso se lo ha buscado y se lo tiene bien merecido! Después de todo, ¿no es ése un justo castigo para los que perturban el orden y no estandarizan sus comportamientos? A ese empleado alborotado que siempre busca protagonismo, que quiere revolucionar el departamento y tiene a todo el mundo agotado, ¡alguien tendrá que encargarse de calmarlo y de enseñarle lo que es la vida! Evidentemente, esto no se dirá con claridad. Pero se trasluce ya en el discurso mantenido por muchos centros escolares frente al acoso de los alumnos: es la víctima de acoso la que tiene «problemas de integración», y, aun suponiendo que llegara hasta el suicidio, eso tan sólo demostrará su fragilidad mental. El elitismo es un fenómeno muy darwiniano: ¡no hay piedad con los débiles! Yo soy la primera ofendida de escribir esto y de emitir esta hipótesis, pero mucho me temo que sea acertada. Cada medio tiene sus reglas de juego, incluida la mafia. Al que no las conoce o no las respeta se le llama «un rajao» y lo paga muy caro.

Pero la ley del silencio no afecta sólo a los medios mafiosos. ¿No se le llama al ejército «el gran mudo»? Recientemente ha florecido el #pasdevague en la Educación Nacional para denunciar hasta qué punto le horrorizaba a la institución ver señaladas sus infracciones.

La omertà o ley del silencio

Ahora ya tenéis suficientes elementos para comprender por qué los que dan la voz de alarma pagan tan caro sus revelaciones. La frontera entre dar la voz de alarma y ser un delator no está definida según los mismos criterios para los normopensantes que para los sobreeficientes. El uno juzga la información con la vara de medir de su veracidad, el otro por los remolinos que va a provocar. He descubierto recientemente que la noción de «difamación», en Justicia, no se refiere a los rumores falsos, sino a las informaciones, incluso si son verídicas, que pudieran atentar contra el honor de alguien.

Entre los que detestan las olas y aquellos a los que les horroriza la mentira, los manipuladores orquestan la partida, mintiendo por ambos lados y haciendo de amplificadores. Saben agravar el escándalo en un lado para aumentar las represalias en el otro. Vuestro sentido de la justicia y de la verdad os granjea muchos contratiempos. Os lo vienen diciendo desde la infancia: «Hay verdades que es mejor no decir»; «Muchos prefieren una mentira edulcorada a una verdad amarga».

No faltan refranes para alertar sobre los peligros de decir la verdad. Pero, con demasiada frecuencia, el sobreeficiente no sabe callarse y cae en la trampa de su sinceridad.

Marie-Hélène fue quien me dio la mejor luz sobre este mecanismo. Me explica: «Yo leo el lenguaje no verbal de la gente, así que siempre sé cuándo me miente el otro. Si una persona me dice que mis cortinas le parecen magníficas, cuando es mentira, me doy cuenta inmediatamente. Me ofende que me mienta y que finja que le gustan. Prefiero que diga que no es el tipo de decoración que ella aprecia. Eso puedo comprenderlo totalmente y apreciaré su sinceridad. Y al contrario, creo que los demás leen también el lenguaje no verbal, que verán inmediatamente que sus cortinas no me gustan. Con lo cual, para evitar ofenderlos, digo la verdad». Concluyo yo: «¡Y así es como, para no ofenderlos mintiéndoles, los ofende diciéndoles que sus cortinas son feas!». Nos reímos las dos, pero ése es, en efecto, el procedimiento subyacente.

En el mundo normopensante no se dice lo que uno piensa, se dice lo que hay que decir en determinadas circunstancias. Todo está codificado. Si te invitan a cenar, tienes que encontrar deliciosa la comida. Y punto. Si te preguntan lo que piensas de las cortinas, te tienen que parecer preciosas. Y punto. ¡Es bastante sencillo! Ahora, si realmente os aferráis a vuestra sinceridad, encontrad una solución ética de acuerdo mutuo entre esta regla de cortesía y vuestra inclinación por la verdad. Utilizad vuestra creatividad para encontrar fórmulas intermedias: alabad las intenciones o los esfuerzos realizados más que el resultado, o decid sinceramente que las cortinas están en perfecta armonía con el resto de la decoración.

Las figuras de estilo que nos hacen creer que podemos elegir cuando no podemos, que parecen consultativas, pero que esperan implícitamente nuestra adhesión, son una de las grandes especialidades normopensantes. Son una fuente inagotable de malentendidos. Por un lado, la formulación interrogativa sirve simplemente para no dar una orden demasiado brutal. Por otro, la persona sobreeficiente cree que le están consultando realmente y piensa que puede elegir. Cuando el destinatario no capta este sobreentendido, la decepción es inmensa por ambas partes. El emisor queda confundido por vuestra insurrección y el destinatario queda escandalizado por descubrir la coerción subyacente. ¿Para qué preguntarme mi opinión si es para hacer caso omiso de ella? Además, la sumisión al sistema implica llevar puesta en cualquier circunstancia la máscara adecuada. A eso se le llama «quedar bien». El consenso exige que, una vez hemos aceptado, aunque haya sido por coerción, hagamos como si estuviéramos contentos y no hagamos sentir al otro que nos ha torcido el brazo.

Ahora entendéis por qué debe evitarse este tipo de réplicas:

«—Bueno, ¿sigue en pie lo de la reunión de mañana?
—Yo ya te he dado mi opinión: ¡es inútil, pero hasta donde yo sé, no me has dado opción!».

Respetar los códigos y los procedimientos (por absurdos que parezcan) sirve esencialmente para tranquilizar a los demás sobre el hecho de que no vais a sembrar el caos. ¡Eso es sobre todo lo que se os pide! Paradójicamente, los auténticos impostores saben perfectamente mimar y fingir la sumisión a las reglas, mientras hacen lo que les viene en gana. Al contrario, los sobreeficientes suelen transmitir, sin siquiera saberlo, simplemente con su comportamiento, un mensaje digno de Cyrano: «Vuestros melindres no me interesan. Desprecio todas las mascaradas. Le tengo demasiado apego a mi libertad», que deja a sus interlocutores totalmente inseguros. Así es como logran que los excluyan y atraen sobre sí más resentimiento. ¡Nunca olvidéis que, en su postura, el normopensante, completamente inserto en el relato colectivo, se está jugando el sentido de su existencia! Ahí está la ira contenida que se lee en su mirada cuando se violan sus reglas. Ahora que habéis comprendido todo esto, podéis escoger: podéis contemporizar con vuestros interlocutores o avasallarlos; elegid, pero en conciencia. Si al sistema no se le sacude nunca, se cerrará sobre sí mismo y se esclerotizará. Ahí es donde seguramente tenemos un papel que jugar.

La normopatía

Ciertamente, los imperios aportan la paz, la cultura y la prosperidad… pero solamente durante cierto tiempo. Más adelante, ahogan la creatividad, se empiezan a estancar, se asfixian bajo sus procedimientos administrativos y su corrupción de las élites, y luego caen en decadencia antes de que los derriben. La enfermedad de los imperios es la normopatía: una necesidad excesiva de estandarización.

Querer formatearlo todo tiene pocos inconvenientes. La lógica del tercero excluido hace amenazante a la diferencia y genera conflictos. En los casos extremos de intolerancia, quien va a los mandos del rechazo es el miedo, la famosa «fobia» que se declina de mil maneras: xenofobia, homofobia, gordofobia, glotofobia… y que rápidamente puede transformarse en odio y en violencia. En nombre de ese miedo del otro, y para domesticarlo, se intenta al máximo formatear, normalizar, unificar, estandarizar. Primero las cosas y los comportamientos, luego los valores y las ideas, hasta pasar la garlopa a las personalidades. Regularmente se alzan voces contra el «pensamiento único» y lo «políticamente correcto», pero, como reacción, se intensifican la propaganda y la censura, así como la violencia de la represión. ¡Conspiranoico! ¡Ultracrepidiano! Los escasos disidentes hacen que los poderosos se atraganten de rabia, y muchas veces pagan muy cara su insolencia: despido, exclusión, difamación o internamiento… Las pseudodemocracias cada vez se van quedando menos atrás respecto a las dictaduras en el arte de hacer entrar en la fila a los opositores. A los partidarios de la servidumbre voluntaria esto les parece justo, los otros terminan por aprender la prudencia.

Pero ¿se ha hecho alguien la pregunta de qué ocurriría si lleváramos el razonamiento hasta el final? ¿Y si ese fantasma de normalidad se encarnara plenamente? Si todo el mundo fuera igual y perfecto según los criterios de la norma, ¿cómo sería la vida? Cada uno en su casilla, manteniendo su postura y soltando su texto en el tono convenido, o sea, esperado. Ya no habría imprevistos, ni emociones fuertes, ni creatividad... Sería un mundo lúgubre, previsible. Los humanos irían de uniforme, llevarían peinados similares, respetarían los códigos y las modas y, por consiguiente, se comportarían como robots. Peor: pensarían todos lo mismo. ¿Nos convertiremos en pequeños Mickey consumistas haciendo cola en la caja muy modositos y portándonos bien? ¿Realmente es ése un mundo que hace soñar?

De hecho, la normalización mata la capacidad de maravillarse. El ser, una vez formateado, adquiere ideas preconcebidas y prejuicios, se deja engullir en la inmensa fuerza de inercia de la opinión y termina encontrando anodino y sin interés aquello que debería maravillarlo. En sentido contrario, eso banaliza también lo que nos debería escandalizar. Y la estandarización tiene más efectos perversos. Por ejemplo, acomodar a los niños en clase por edad: pero ¡qué idea más mala! Eso les impide, para empezar, aprender los gozos de la diversidad. Los mayores pierden la ocasión de ejercer su benevolencia, su paciencia y su tolerancia con los más pequeños. Los pequeños carecen de modelos para crecer y no pueden aprender nada de los mayores. En cambio, ese sistema que quiere colocar en condiciones de igualdad a unos niños que, al estar en el mismo estadio, no pueden enseñarse nada mutuamente, engendra la competición y la envidia. Aprenden muy rápido a excluir al que «no juega el juego» gracias al cual ellos mismos tienen que sentir que existen.

Y he ahí el tipo de adultos que engendra esta manera de educar: auténticos g... a los que ya no les queda mucha humanidad, como cuenta el padre de un niño minusválido en un fórum: «Recojo a mi hijo en la guardería hecho un mar de lágrimas. Es el único de sus compañeros al que no han invitado a un cumpleaños. Va en silla de ruedas, ésa es la razón. ¿Qué le explico yo con cuatro años? ¿Que la gente es una mierda? ¿Que tiene que acostumbrarse a que le excluyan? Hay que ver».

La normopatía está empezando por fin a ser considerada una enfermedad mental. El normópata es un individuo que reniega de su vida interior y organiza su vida en torno a una única meta: recibir la validación en el plano social. Se entrega exclusivamente al ejercicio de la superficialidad, del vacío, de la imitación insensata. Hasta el punto de transformarse en objeto. Más pronto o más tarde, aparecerán la insatisfacción crónica y la sensación (objetiva) de vacío interior. Para tratarse, el normópata tiene que recuperar su unicidad, el derecho a ser diferente, y comprender que no hay nada más anormal que estar obsesionado con la normalidad.

La vida es la biodiversidad. La humanidad es la neurodiversidad. ¡Menos mal que están los sobreeficientes para recordarlo con sus meteduras de pata y para aportar el oxígeno de sus impertinencias! Estamos empezando a darnos cuenta: los bosques mezclados son más productivos y más resistentes que las plantaciones uniformes en las que todos los árboles enferman de la misma dolencia al mismo tiempo. Asociar especies muy dispares en lo que atañe a sus necesidades, como por ejemplo árboles de hoja y coníferas, obra milagros, porque cada especie protege a la otra: a la oruga atraída por la savia del pino la echará para atrás el olor del abedul. Lo mismo para la permacultura, cuyos logros de producción son excepcionales. Espero que algún día ocurra lo mismo entre los humanos con la aceptación de la atipicidad y de las «minorías». El objetivo, a largo plazo, es salir de la lógica del tercero excluido y regresar a la bio y neurodiversidad. El concepto va haciendo camino.

«Yo busco mi país allí donde se aprecia el hecho de ser sumado, sin disociar sus múltiples estratos. Yo busco mi país allí donde se difumina la fragmentación identitaria. Yo busco mi país allí donde los brazos del Atlántico se fusionan para dar tinta malva que dice la incandescencia y la dulzura, la quemazón de existir y la alegría de vivir. Yo busco mi territorio en una página en blanco; un cuaderno cabe en un bolso de viaje. Así que en cualquier lugar donde dejo mis maletas, estoy en casa».

FATOU DIOME, LE VENTRE DE L'ATLANTIQUE[67]

---

67. DIOME, Fatou, *Le Ventre de l'Atlantique*, Éds. Anne Carrière, 2003.

Capítulo 7

El estilo libre de los sobreeficientes

Ya lo hemos visto antes, el proceso de unificación de la humanidad apunta hacia una estabilidad social, o sea, hacia la paz y la seguridad de todos. Las posturas permiten situarse rápidamente unos en relación con otros y saber cómo comportarse. La connivencia crea el vínculo: si respetas mis códigos, formas parte de mi mundo. Sintiéndonos totalmente seguros, podremos socializar dándonos la réplica esperada en ese contexto. ¡Qué descanso tan grande! Pero esto, sin contar con la intrusión del sobreeficiente en la función de teatro, a tumba abierta y en improvisación total. ¡Sí, se podría decir así, como un elefante en una cacharrería!

Romain acude a su agencia bancaria a pedir un préstamo para cambiar de coche. Le recibe una asesora nueva. Él advierte encima de su escritorio la foto de un desierto. Intrigado, le pregunta. Ella le confirma que en efecto se trata del desierto de Gobi, que le encanta el *trekking* y muy especialmente en los lugares desérticos y salvajes. A Romain también le encantan los viajes y la aventura. Empiezan a departir sobre sus respectivos periplos, sus impresiones de viaje y las anécdotas que jalonaron sus peregrinaciones. La conversación es alegre y animada. Y, tirando una cosa de otra, descubren que comparten el mismo sueño: conocer a los chamanes de Siberia.

Resulta que Romain tiene programado ese viaje iniciático para el verano próximo, con unos amigos. Espontáneamente le propone a esa simpática asesora que se una a ellos.

La continuación de esta historia, para un sobreeficiente que se respete, es que la encantadora asesora acepte con entusiasmo y que hagan juntos ese maravilloso viaje con el que ambos soñaban. El hecho de que una hora antes no se conocieran y el que tomen una decisión tan comprometedora sin más información no os molestará. ¡La vida está hecha para sorprendernos! Tiene que ser mágica, funcionar a base de corazonadas, de actos impulsivos, de ataques de locura. ¡Gracias a su apertura de mente, estos dos enamorados del viaje se habrán ofrecido así, mutuamente, una maravillosa oportunidad de vivir un momento exaltante!

Los más románticos de entre vosotros incluso les predicen ya una hermosa historia de amor. Sin embargo, pocas veces salen bien las cosas cuando se deciden así. Esto no es el cine. En la vida real, este plan tiene todas las papeletas para convertirse en una pesadilla o en un abuso. Por otro lado, si miráis de más cerca, la mayoría de los apuros que habéis pasado han procedido de ese tipo de situaciones en el transcurso de las cuales os habéis salido del marco inicial. ¿Marco? ¿Qué marco? Pues seguro que ya lo habéis olvidado: al principio, Romain venía nada más que a pedir información sobre un préstamo para comprarse un coche.

Los peligros de ir por libre

¡He oído tantas historias de este tipo en mi despacho! Cuando me las contáis, sois los únicos que no habíais adivinado el barrizal en el que os ibais a meter. ¡Tenéis un consumado arte para atraeros complicaciones! No hay filtro, no hay protección, no hay marcos… Todas las opciones están abiertas. Una especialidad de los sobreeficientes es iniciar una conversación sin saber adónde vamos y olvidando muy deprisa por qué nos hemos encontrado. El problema es que las demás personas sin marcos son los manipuladores, que son, para colmo y remate, gorrones sin dios ni fuero. Por eso los imantáis: los manipuladores son los únicos que agarran las oportunidades que les tendéis. Las personas estructuradas jamás aceptarán irse de viaje con alguien a quien no conocían hace una hora. Tampoco lo habrían propuesto, por otro lado. ¿Cómo podéis justificar semejante falta de protección y de discernimiento? Fuera del marco, simplemente estáis en peligro. La magia no puede obrar si vosotros no os estructuráis. A falta de haber podido comprender y aplicar los códigos neurotípicos, estáis en estilo libre permanente, en un mar de posibles, ciertamente, pero infestado de tiburones.

En razón de su estrechez, no habéis querido insertaros en el relato colectivo. Eso os obliga a navegar por vuestras relaciones solos, sin guía, sin mapa y sin brújula, fiándoos únicamente de vuestras emociones, a su vez enturbiadas por vuestro desconocimiento de los sobreentendidos. Fuera del territorio cuadrado de los códigos normopensantes, estamos sin límites, en una zona turbia. ¿Me he vuelto a salir? ¿Estoy en el tono adecuado? ¿Cómo saberlo cuando no se conoce la función que se interpreta y está uno en improvisación permanente? Abordar las relaciones humanas sin filtros, sin códigos, sin protección y sin preparación es algo profundamente ansiogénico y potencialmente peligroso.

A falta de haber podido definir sus límites, los sobreeficientes reencuadran demasiado tarde, y eso cuando no están aquejados de intransigencia: demasiado centrados en el otro, demasiado a la escucha de su punto de vista, dan con demasiada rapidez un sí inicial, y luego se creen demasiado comprometidos para retroceder. En comunicación, el sobreeficiente siempre acaba sintiendo un malestar, una incomodidad por haber dicho demasiado, haber mostrado demasiado, una vergüenza de sí mismo, un extraño sentimiento de asco: solamente en ese momento toma conciencia de las transgresiones que ha cometido, sin saber a partir de cuándo se han producido. Vive *a posteriori* sus relaciones como ambiguas, malsanas, confusas… Pero ¿cómo obrar de otro modo? ¿Hasta dónde se puede llegar en la intimidad con el otro? En esta comunicación sin marco, sin postura ni connivencia, los sobreeficientes se quedan peligrosamente desnudos. He ahí por qué, a fuerza de resultar heridos, se agotan, se desaniman y acaban aislándose, lo cual también se les reprochará. Pero ¿quién se ha tomado la molestia de explicaros todo esto y quién os ha enseñado cómo protegeros?

Un marco y unos códigos a medida

¡Si hay una competencia normopensante de la que tenéis que apropiaros como sea es el saber encuadrar vuestras interacciones! Evidentemente, el marco normopensante no se corresponde con vuestro funcionamiento. Pero nada os impide fabricar vuestra propia estructura, con vuestras medidas, en concordancia con vuestra ética y que responda a vuestras necesidades. Tenéis derecho a estar en seguridad en vuestras relaciones. Saber qué decir y a quién, cómo comportaros en qué situación; confesadlo, ¡soñáis con eso! Ahora os lo vais a tener que autorizar, porque a la lectura de lo que sigue se van a activar todas vuestras reticencias.

Vosotros mismos lo reconocéis: «No es que no queramos socializar. ¡Es que con los pocos referentes que tenemos de las reglas sociales es demasiado difícil construir y mantener una relación!». Pero a medida que vais descubriendo los códigos sociales, vais de pesadumbre en desilusión, a falta de comprender la lógica subyacente, ¡y los rechazáis con ardor! «¡Eso es hipocresía! ¡Yo no quiero interpretar un papel! ¡A mí no me interesa hablar para no decir nada! ¡Quiero seguir siendo yo mismo! ¡Quiero conservar mi espontaneidad!». Vale, ¡pues hablemos de esa espontaneidad! Ella es la causa de todos vuestros males, porque la confundís con autenticidad. Sin embargo, ser espontáneo en ningún caso es ser auténtico. Estos dos conceptos están, incluso, prácticamente en las antípodas. Dejadme explicaros hasta qué punto os equivocáis de objetivo al querer manteneros espontáneos: yo, cuando soy espontánea, reacciono en caliente, sin ninguna perspectiva, de un modo «reflejo», automático. Todo transcurre fuera del campo de mi reflexión, de una manera impulsiva y emocional. Por ello, mi reacción siempre será la misma, porque es inconsciente e independiente de mi voluntad. Diez veces, apretando el mismo disparador, obtendremos la misma reacción, porque ser espontáneo es quedarse en automatismos preprogramados. ¡Menuda ganga para los manipuladores! ¡En cuanto han encontrado qué botones pulsar para volvernos del revés, no se privan de utilizarlos! ¿Empezáis a ver los inconvenientes de ser espontáneos? Mucha gente se aferra a su espontaneidad, creyendo que si piensan lo que van a decir y a hacer, serán unos calculadores. Pero ¡en absoluto! Ser auténtico es reaccionar, no ya con las propias emociones, sino con el corazón y la conciencia, cada persona en concordancia con sus valores. La autenticidad está en poner atención e intención en nuestras interacciones. ¿Medís ahora la diferencia que esto supone? ¡Vale la pena soltar nuestra espontaneidad para ir hacia más autenticidad!

Uno de los primeros principios de PNL es: «Comunicar sin objetivo es viajar sin destino».[68] Poner conciencia en la propia comunicación no es ser hipócrita o calculador, es querer que la interacción transcurra del mejor modo para sus protagonistas. Es también concederse uno el derecho a estar protegido. Los manipuladores también navegan por libre, fuera de las reglas y del relato. ¡Dándoos un marco personal, ya no os exponéis a atraerlos! A todos nos parecerá normal informarnos y respetar las costumbres locales en territorios lejanos para no herir a los autóctonos. Podemos hacer el mismo esfuerzo para con nuestros conciudadanos: en lugar de juzgarlos, como dice un proverbio indio, «¡caminad tres lunas con sus mocasines!».

Cómo construir el propio marco

Tomad el marco relacional como una osamenta, un armazón que os sostiene y os estructura, y no como un dogal o un encofrado que os encarcela. Éste lo concebiréis vosotros mismos, a medida, flexible y sólido como un exoesqueleto que ayuda y acompaña al movimiento, o como esos equipamientos de ayuda a la conducción que encontramos cada vez con más frecuencia en los vehículos nuevos: cámara de retroceso, señal anticolisión, corrector de trayectoria… sin contar los *airbags* y el servicio de llamada de urgencia: ¡todo para vuestra seguridad!

Un auténtico código de conducta

En un contexto profesional, sabríais perfectamente respetar «el secreto profesional» o una cláusula de confidencialidad si os lo pidieran. Igualmente, sabiendo que representáis a vuestra empresa cuando lleváis su logo, sabríais ser caballerosos al volante de un coche de empresa o conservar la educación frente a la clientela. Eso es exactamente lo que os propongo a título personal: contrataos como si fuerais vuestro respon-

---

68. Principio elaborado por Génie Laborde, autora de *Influencer avec intégrité,* Inter-Éditions, 2012.

sable de comunicación o vuestro portavoz y regalaos un cuaderno muy detallado con los deberes que tenéis que cumplir, para proteger vuestra imagen y vuestra integridad.

Para empezar, planteaos en conciencia cierto número de reglas y de prohibiciones personales. Todo esto se reflexiona en frío y por adelantado, teniendo en cuenta vuestros sinsabores más frecuentes.

Por ejemplo: «Ya no le hablo de mi vida personal a la gente que no conozco». Una cláusula de confidencialidad protege ahora mi jardín secreto. Esto implica aprender a dejar de responder a las preguntas, hacer como si habláramos de nosotros sin decir nada realmente íntimo, saber cambiar rápidamente de tema y recuperar el control de la conversación haciendo preguntas a nuestro interlocutor para que sea él el que hable... Aquí van otros ejemplos:

- No hago ninguna propuesta personal en un marco profesional.
- No presto mis libros (llenos de anotaciones íntimas) a los desconocidos.
- Espero por lo menos al tercer encuentro para concederle mi confianza a alguien.
- Escucho a mi intuición, sobre todo cuando ella no siente a la persona.
- Me obligo a hacer que se me presenten por lo menos tres estimaciones de presupuesto cuando quiero hacer obras o hacer una compra importante.
- Nunca con urgencia: siempre me doy todo el tiempo necesario para estudiar las posibilidades, más, como mínimo, de 48 h de reflexión personal antes de aceptar. Aunque haya tenido esperando al otro, me autorizo a negarme o rechazar.
- Le pregunto regularmente a mi corazón y/o a mi alma: «¿Cómo lo llevas tú? ¿Es acertado esto?».

Preparad las entrevistas

Sabiéndoos novatos en la materia, deberíais tomar la costumbre de preparar cuidadosamente casi todas vuestras entrevistas de antemano y delimitaros a vosotros mismos. Fijad vuestros objetivos para no exponeros a saliros del marco. Esto implica que os informéis muy bien sobre vuestros interlocutores, sobre su empresa, sobre la materia que vais a tener que abordar. Cread entramados de preparación: ¿Para qué nos hemos citado? ¿De qué se supone que vamos a hablar? ¿Cuál es el objetivo de este encuentro? Poneos prohibiciones en lo que os pueda sacar del marco: ser demasiado amistoso, hacer propuestas personales, prestar un libro, enviar un enlace cultural, hablar de la vida personal, aunque sólo sea de las vacaciones. En un primer encuentro profesional, eso no pinta nada. Ni en un segundo, por cierto. Si esta persona acaba por convertirse en amiga/o, eso ya vendrá con el tiempo. No seáis tan cálidos o tan afectuosos en un marco no íntimo. Romain debería haberse quedado centrado en su solicitud de préstamo y anotar en un rincón de su cabeza que su nueva asesora parecía muy simpática. A la salida de vuestras citas, haced balance sin juzgaros y preved cómo reajustar: la próxima vez, estaré más atento a tal o cual aspecto.

Instalad chivatos de control

Comprender al otro no consiste en aplicarle mi manera de pensar —«Yo en su lugar…»— y menos aún en saber mejor que él cómo deberían resolverse las cosas. Es, al contrario, ponerse en su lugar e intentar ver las cosas desde su punto de vista. Cuando faltan todos los sobreentendidos, esto no es cosa sencilla. ¡Muchas veces me parece paradójico disponer de tal calidad de escucha y de empatía, para luego sacar en limpio una comprensión tan nula de las posturas! Ahora que tenéis acceso a la lógica subyacente, esto debería arreglarse. Vuestra empatía tiene que poder funcionar igual de bien para comprender y ayudar a una persona que sufre, cosa que sabéis hacer de sobra, que para poder neutralizar a un adversario tras haber identificado su manera de funcionar. Si miramos más de cerca, salvo para someternos y para sobreadaptarnos, nos pasamos casi todo el tiempo negociando. Desarrollar esta competencia os debería divertir. Recordad: ¡la vida es un gran Monopoly®! En este caso, se trata más bien de jugar al póker, o sea, de aprender a identificar indicios valiosísimos en las *caras de póker*. Os tenéis que convertir en expertos para captar las débiles señales que os indicarán la tibieza de vuestro interlocutor, el momento en el que se cierra a vuestros argumentos o cuándo estima que ya ha durado bastante la conversación. Mira el reloj, ha dicho tres veces: «Vaya al grano». Se levanta y os acompaña a la puerta. ¡Aprended sobre todo a no insistir! Pienso incluso que, de manera general, tendríais que aprender, antes que nada, a acortar al máximo vuestras entrevistas. Vuestro suplicio durará menos y tendréis menos riesgos de exasperar a vuestro interlocutor. A la inversa, ¡aprended también a identificar cuándo habéis ganado! ¡Ahí también, inútil insistir cuando ya se ha alcanzado el objetivo!

Las palabras se vuelan, los escritos permanecen. Lo escrito es un espacio en el que os podéis tomar todo el tiempo necesario para dejar que se posen y se decanten las cosas. Antes de enviar un mail o una carta, daos tiempo para consultarlo con la almohada. Después, releed atentamente vuestro texto comprobando que lo que contiene es solamente factual (QQDCCC: quién-qué-dónde-cuándo-cuánto-cómo), y nada subjetivo. Poneos en el lugar del que lo va a recibir. ¿Cómo se lo va a tomar? Haceos previamente la pregunta: «¿Cómo quiero que reaccione el otro a este correo?». Un estudio ha probado que la comunicación por mail es muy diferente de las demás formas de expresión. ¡En general, los mails positivos pasan por neutros, los mails neutros por negativos y los mails negativos son muy violentos! El sarcasmo es aún más infecto y el humor no traspasa las cañerías de Internet, aunque añadáis «LOL». Sed sobrios, factuales, con un pequeño mensaje positivo. Si es necesario, haced que relea vuestros correos un amigo moderado.

Respetad los códigos de cortesía

«El tacto es el talco que les echas a tus frases en el culete para que estén más suaves».[69]

Respetar los códigos sociales, por muy «ridículos», «hipócritas» y absurdos que sean, es respetar al otro, no provocarle inseguridad, ava-

---

69. Adorable cita encontrada en Facebook.

sallarlo o violentarlo en la relación. Respetar los códigos sociales es también ofreceros a vosotros mismos un espacio de seguridad en el que limitaréis los riesgos de meter la pata. No, las fórmulas de cortesía no son vanas ni estresantes. Son el aceite de los engranajes de las relaciones, evitan que nos cosifiquemos unos a otros. No, preguntar directamente: «¿Me puedes pasar el expediente Ledurieux, por favor?» sin intercambiar unas banalidades antes no es más sincero o auténtico. Es simplemente más seco. Sed menos afectuosos, pero más corteses. En la mayoría de nuestras interacciones tan sólo estamos ahí para colaborar en un clima distendido y agradable; no más, pero tampoco menos.

Están los íntimos y los otros

Para tener relaciones más simples y más fluidas, hay que aprender a diferenciar bien las personas que son íntimas nuestras y las que constituyen nuestro tejido social.

No, no se puede ser íntimos inmediatamente, todo el tiempo, con todo el mundo.

Ser íntimo contigo: por un lado eso hay que merecérselo; por el otro, eso debe dar derecho a un régimen especial. Es como la velada en la ópera: vestirse con elegancia da una dimensión excepcional a ese momento tan preciado. Lo que compartimos en nuestra intimidad tiene que estar fuera de la norma. ¿Cómo podría saber yo que soy una de vuestros íntimos si a todo el mundo lo tratáis como a mí? Por otra parte, ya lo habréis advertido: la mayoría de vuestros interlocutores no son demandantes de intimidad con vosotros. Tienen su círculo, que les basta y les conviene. Vuestro comportamiento invasivo los indispone. Guardad las distancias.

Sí, os propongo que seáis más fríos, más distantes, y que «desafectivéis» vuestras relaciones. Hay un momento para todo. Reservad vuestro espacio íntimo para vuestros seres cercanos y para algunos iniciados que realmente merezcan la pena. Los demás constituyen vuestro tejido social. Merecen vuestra cortesía, vuestro respeto y vuestra cordialidad, pero guardad vuestros comportamientos invasivos e importunos, so pena de sufrir un desaire.

Así, ahora podéis descodificar correctamente esta conversación contada en Internet.

La cosa transcurre en el supermercado, en la sección de quesos al corte.

La clienta: «Tiene que pesar mucho, para levantar esas ruedas de queso...».

La vendedora: «Sí, llevo un cinturón para sostener la espalda. Menos mal que aquí sólo estoy hoy, de refuerzo».

La clienta, llena de empatía: «Pues le será tanto más difícil con todo el mundo».

La vendedora: «No, simplemente necesitaría saber qué desea usted para poder servirla».

La clienta concluye su anécdota así: «¿No ha percibido la dependienta mi benevolente atención hacia ella? ¿Ha querido librarse de mí?».

En resumen, generosa tentativa de intercambio verbal entre personas físicas fallida.

¿Y vosotros qué pensáis? Por supuesto, duele sentir la frustración, la incomprensión y el desánimo de esa amante del queso y del buen trato. Pero con todo lo que estáis empezando a saber, ¿era ése el lugar adecuado, el momento adecuado y la persona adecuada para intentar socializar? Hay un tiempo para todo. Uno para comprar queso, otro para charlar, otro para hacer amigos. Sé que os irrita que se organice a la gente en casillas, como quien ordena libros y CDs en estantes. Sin embargo, ¡es un rato práctico saber dónde buscar para encontrar las cosas! El marco y las posturas nos hacen ganar tiempo y simplifican la vida.

SOS amistad

En el contexto de vuestros íntimos, las cosas no son forzosamente más fáciles. Los sobreeficientes y los normopensantes tienen definiciones del amor prácticamente opuestas. En versión sobreeficiente, el amor es desarrollarse juntos, crecer, evolucionar, acompañar el cambio e impulsar al otro hacia su mejor versión. Bonito, ¿verdad? Dos globos de helio que se elevan mutuamente hacia el firmamento. La versión normopensante os parecerá más prosaica: amarse es aceptarnos tal como somos y no pedirnos uno a otro que cambiemos. Hay mucha tolerancia en este enfoque, y una aceptación incondicional. Si os ama, un normopensante se conformará con quien sois. Apreciará vuestras cualidades y se las apañará con vuestros defectos. En cambio, no le gustará que os salgáis de la casilla en la que os había colocado, mientras que a vosotros os fastidiará que no dé por válida vuestra evolución. Francamente, las dos versiones tienen cosas buenas. Vale la pena hacer un combinado de las dos y tomar lo mejor de ambas. Aceptarse más tal como somos, sin pedirnos ser otro, pero acompañar con flexibilidad el movimiento de nuestras evoluciones respectivas. En amor, como en amistad, sois demasiado exigentes o, más exactamente: sois exigentes, excesivamente y de manera irrealista. Muchas veces os quejáis de no encontrar compañero o amigo que comparta vuestros centros de interés, como si el otro tuviera que ser gemelo vuestro, o incluso un clon. ¿Será que sus diferencias os remiten a vuestra soledad estructural? Sí, os quedaréis solos en vuestra cabeza, reinando sobre el reino de vuestros pensamientos. Pero si la cosa no va más allá de conversar sobre lo que os apasiona, existen bastantes asociaciones deportivas o culturales para encontrar cómo llenar esa necesidad. La amistad es algo totalmente distinto.

Haceos simplemente la pregunta: ¿qué espero yo de un amigo? La respuesta es bastante universal: escucha, consuelo, confianza, poder reír juntos y compartir buenos momentos... y sobre todo, que esté ahí cuando le necesite. Y a la recíproca, para que también vosotros seáis amigos suyos. ¿Le escucháis y le reconfortáis? ¿Estáis siempre ahí para él?

Os podéis hacer la misma pregunta relacionada con un/a cónyuge: ¿qué espero de nuestra relación? ¡Anotad cuidadosamente vuestras respuestas para volver a ellas cuando él/ella os exaspere!

Pues hemos estado a punto de ser colegas

En los momentos de crisis, cuando se trastoca el relato colectivo, se despierta en el sobreeficiente la esperanza de ver por fin cambiar el mundo. ¡Van a comprender! ¡Se van a despertar! Pero enseguida queda defraudado: los normopensantes lo único que desean es el regreso al equilibrio anterior lo más rápido posible. Después de unos cuantos remolinos, el agua se vuelve a quedar mansa. ¡Qué decepción, volver a encontrar el mundo de antes!

A título individual ocurre lo mismo. A veces a un normopensante lo desestabilizan en su relato individual algunas vicisitudes personales. También él puede encontrarse momentáneamente sumido en una pérdida de sentido o peleando con algunas angustias. Esto abre una brecha de intimidad por la que el sobreeficiente se despeña. Durante un rato, el normopensante aprecia plenamente las capacidades de escucha y de empatía del sobreeficiente. La conversación lo reconforta. Como a todo el mundo, le alivia poder soltar eso que pesa demasiado para llevarlo a cuestas, pero esto no durará. Como a lo único que apunta es al regreso al equilibrio anterior, en cuanto haya vuelto a hacer pie volverá a ser distante, como antes, y seguro que un poco más. El sobreeficiente, que veía la intimidad instaurada como un progreso en la relación, queda extremadamente herido.

Cuántas veces me habéis dicho, con amargura: «¡Mis compañeros bien que saben encontrarme cuando las cosas les van mal, pero en cuanto se encuentran bien, huyen de mí!». Pues comprended lo que ha ocurrido tal como lo ven ellos. A un normopensante no le gusta hacer confidencias. Si os ha hablado es porque estaba frágil. Vosotros habéis aprovechado para tirarle de la lengua. Ahora sabéis demasiadas cosas de él y os tiene miedo. Tanto por ese poder de partero que tenéis, cuanto por lo que sabéis de él por todo lo que os ha confiado. Y además, volvéis a la carga para intentar arrastrarle de nuevo a las confidencias con el fin de saber más del tema, cuando ya sabéis demasiado. Los momentos de intimidad improvisados que tanto les encantan a los sobreeficientes siguen siendo fugaces y embarazosos para los normopensantes. Así que la próxima vez que se produzca eso, sed discretos y ligeros y no insistáis. Al contrario, validad el lado excepcional del momento. Decidle a vuestro interlocutor que le agradecéis su confianza y que todo lo que os ha dicho quedará entre vosotros. Se tranquilizará y le incomodará menos volver a cruzarse con vosotros más tarde.

Venga, empezad a hacer una selección en vuestras relaciones y a jerarquizar los niveles de intimidad: vuestros íntimos, vuestros amigos, los compañeros, los colegas de trabajo, el jefe, los vecinos, vuestros artesanos, vuestros tenderos… Y cuidado con los comerciantes: ¡no toméis su jovialidad calculada como un inicio de amistad!

De todos modos, las relaciones íntimas son demasiado intensas para alimentar aspectos relacionales de lo cotidiano: eso es agotador para todo el mundo, incluidos vosotros; de ahí vuestra tendencia a aislarlos cuando habéis recibido una radiación demasiado fuerte.

¡Sacad los dedos del enchufe! Las relaciones apacibles son tranquilas.

El ámbito del ligoteo

Vamos a abordar ahora el mayor de los malentendidos que puedan existir en las relaciones interpersonales: ligar. Muchas de las situaciones que me describís como que os han planteado problemas contenían, por uno u otro lado, una dimensión de ligue que no habíais percibido en absoluto. A veces me pregunto cómo lo hacéis para, realmente, no captar nada.

Thibault se queja ante mí. Tras varias semanas de amistad muy cálida, bruscamente su amiga ha empezado a ponerle mala cara y ya ni le dirige la palabra. Él está muy apenado. Yo, suspicaz, le pregunto qué ha hecho para llegar a esto. «Pues nada», se defiende. «¡He sido adorable!» No lo dudo, pero adorable ¿cómo? ¡Pues lleno de atenciones! Le preparaba el café, la invitaba a almorzar, le hacía regalitos… incluso le regaló una caja de bombones en forma de corazón. Estaba muy bien aquella amistad. Thibault es un chico guapísimo. Es homosexual, pero no lo lleva escrito en la frente. Así que le hago observar que su comportamiento podía perfectamente hacer creer a su compañera que estaba enamorado de ella y que le tiraba los tejos. Ella debió de quedar muy herida de que no fuera el caso. Thibault parece sinceramente sorprendido. «Pues no, yo la quiero mucho, ¡eso es todo!». Me enfado: «¡Pero vamos a ver, Thibault! ¿Desde cuándo se regalan bombones en una caja con forma de corazón a alguien de quien no estás enamorado?». Afligido, Thibault me contesta: «La caja era tan linda que no me pude resistir». Insisto: «¡Un corazón es un mensaje, por favor!». Un mensaje que Thibault no ha visto. «No, yo no se lo regalé con esa intención. Éramos amigos, simplemente era lindo. Yo quería complacerla».

Este ejemplo puede pareceros caricaturesco, pero os aseguro que es verídico y que dista de ser un caso único. Así, Anne invita muchas veces a uno de sus proveedores a comer «porque le cae muy bien» y la horroriza almorzar sola, cosa que acabó confesándome. Vive la misma desventura que Thibault. De un día para otro, ese proveedor-amigo ha dejado de cogerle el teléfono. Ella no ve la expectativa amorosa que ha despertado invitándole varias veces a comer los dos solos. Al igual que Thibault, no tiene conciencia de su propia belleza ni del aspecto sexualizado de las relaciones. Igualmente, Patrice le envía a una mujer hermosa un poema que habla de placer y de deseo, pero no, no ha visto la alusión. Él del texto sólo se queda con las flores y los pájaros. ¡Podría citaros tantas más! Las relaciones de ligue son las que llevan más carga de sobreentendidos. O sea, que son las que más se os escapan. Ése es también el ámbito en el que más en peligro os ponéis.

Durante los seminarios que seguí con Frank Farrelly, nos daba claves muy interesantes para comprender los comportamientos y, sobre todo, las motivaciones humanas. Una de las claves me interpeló mucho: un día, nos espetó con convicción que el 80 % de las personas están obsesionadas con el sexo, y siempre a la búsqueda de una oportunidad de relación sexual. Para muchos, pues, un encuentro físico sería una bicoca que no se podrían perder, lo cual les pondría permanentemente al acecho de un signo que mostrase que su interlocutor también podría estar interesado. Muchas personas, pues, pensando que el otro está en la misma disposición de ánimo, captarán rapidísimamente una invitación sexual en el mínimo sobreentendido. Un sondeo aparecido en un periódico algún tiempo después vino a remachar el clavo que había clavado Farrelly. Fue hace más de veinte años, ya no me acuerdo del artículo que divulgaba estas cifras, pero el porcentaje me interpeló de tal manera que lo recuerdo textualmente: el 46 % de las personas consultadas confesaba haber tenido sexo alguna vez con el/la cónyuge de su mejor amigo/a. Esto venía a confirmar lo que decía Frank Farrelly y conllevaba otras preguntas: el 46 % confiesan… Y los que no lo confiesan, ¿cuántos son? El cónyuge del mejor amigo, ¿quiere esto decir que uno va a lo más cercano, a lo más fácil? Eso da casi una posibilidad de cada dos de que vuestro/a mejor amigo/a haya estado con vuestro/a cónyuge. ¡Tremendo! En fin, para terminar de convencerme, en esa misma época acompañé en *coaching* a varias personas de un mismo pueblo, cercano a mi consulta. ¡Así tuve la oportunidad, cruzando las informaciones de unos y otros, de constatar que aquel pueblo en apariencia tan tranquilo ocultaba unas camas redondas impresionantes! ¡Un verdadero lupanar, San Chiriflús del Pinganillo, con sus 3000 habitantes, su linda iglesita y su plaza del mercado! Es muy probable que Frank Farrelly tenga razón. El ser humano es el animal más sexuado de la Tierra. Las demás especies tienen sus períodos de berrea y de celo, o sea, tienen momentos de tregua en sus pulsiones. Para los humanos, «corre, corre la enfermedad del amor de 7 a 77 años»… Asimismo, las demás especies están genéticamente programadas en su manera de vivir la pareja, desde la cotorra inseparable que permanecerá viuda al fallecimiento de su único cónyuge al bonobo que copulará libremente con todos, pasando por el pingüino antártico que cría en pareja a sus retoños repartiéndose las tareas. El ser humano tiene la desgracia de poder elegir su sexualidad. Los dramas conyugales surgen cuando se empareja una cotorra con un bonobo. Resumiendo, ¡*Sapiens* es un animal caliente! Cuando su gran cerebro no está fabricando miedos, se inventa un montón de guarradas. Hoy día hay aplicaciones de encuentros desacomplejadas que permiten encontrar a los compañeros disponibles para una relación sexual en un radio de unos kilómetros. Esto debería aliviar a los cónyuges de los mejores amigos/as.

A la inversa, cada vez más gente se confiesa asexual, es decir, sin deseo y sin práctica sexual, a veces desde hace años. Porque, en todas estas cifras, queda una que es igual de interpelante que las otras: si el 80 % de los humanos están obsesionados por el sexo, ¿quiénes son el 20 % que no lo están y cómo lo manejan?

Está lejos de mi intención transformaros en obsesos sexuales si no lo sois,[70] pero es preciso, imperativamente, que a pesar de todo podáis considerar la posibilidad de que vuestro interlocutor sí lo sea. Pues sí, ¡un 80 % de probabilidad, nada menos! Así que me corresponde a mí la tarea de llevar a cabo vuestra educación sentimental: ¿cómo saber quién te está ligando y cómo?

---

70. Ni de juzgaros si lo sois.

Para empezar, es un buen principio considerar que, en ocho casos de cada diez, la persona que tenéis enfrente pueda tener una idea en el fondo de su mente. Después, pensad en esa «noción de doble sentido» que provoca risa sarcástica y escandaliza a la mayoría de las personas. Seguramente ya habéis visto ese momento, considerado de culto en las picardías, en el que sale un jardinero que habla del mantenimiento del césped en un estudio de televisión. Una reflexión picarona de uno de los cronistas le da un sentido sexual a la palabra «prado». El pobre jardinero ya no puede abrir la boca sin que a todos los invitados a la emisión les entre un ataque de risa. Así que estad atentos a lo que decís y al doble sentido que podrían adquirir vuestras palabras. Si estáis tratando con un miembro[71] del grupo del 80 %, él no dejará de echarle mano,[72] apoyándose con ojos libidinosos. Si la conversación se erotiza, si empiezan a salir chistes «guarros», es que estáis en ese terreno.

A propósito de ojos, en el capítulo de las conversaciones de salón habíamos abordado hasta qué punto las conversaciones profundas crean un clima propicio para la intimidad y pueden hacer que nos enamoremos inopinadamente. La mirada también juega un papel importante. Cuando uno liga, la mirada se hace insistente, penetrante.[73] Lo reformulo en el otro sentido: vuestra mirada demasiado insistente y demasiado penetrante puede dar la impresión de que estáis intentando ligar. Respetad esa danza ligera de las pupilas que mariposean, sobrevuelan, atraviesan los rostros y nunca se sumergen profundamente en el fondo de los ojos del otro, salvo que quieran seducirlo. Después vienen las confidencias íntimas: cuanto más habláis de vuestras aventuras sexuales anteriores, más lleváis a vuestro interlocutor a ese terreno. Añadid unas cuantas alusiones picaronas, y luego empezad a tocar al otro: la mano en el brazo, en el hombro… Los aspirantes a las relaciones sexuales se acercarán, se rozarán, se pegarán… y luego se abrazarán… y más si congenian.

Entonces, ¿cuáles son los marcadores de ligue? Los que os acabo de enumerar. Muchas veces me decís que no sabéis cómo ligar. En reali-

71. ¿Este doble sentido sí que lo habéis captado?
72. Idem.
73. ¡Y tres! Ahora, os las apañáis.

dad, bastaría con continuar haciendo lo que hacéis, pero en conciencia, voluntariamente, con discernimiento y en un contexto apropiado.

En el resto de las situaciones, si no estáis interesados/as en un encuentro, realmente hay que cambiar de comportamiento con urgencia para evitar los apuros. Evitad tararear «Voulez-vous coucher avec moi...»[74] mientras vais hacia la máquina del café. No digáis descuidadamente: «En este momento se siente venir la primavera: ¡a mi gata se le está cayendo una cantidad de pelos!».[75] Evitad invitar a la gente a solas, dad prioridad a las reuniones de grupo.

Si vuestro posicionamiento está correctamente parametrado, el mensaje que transmitís carece de ambigüedad: «No estoy interesado en un encuentro». Los ligones se irán a probar fortuna a otro sitio. A veces, a pesar de todo, habrá que reencuadrar de una manera más explícita. Bastará con verbalizarlo: «No estoy interesado/a en un encuentro». Seguro que el ligón, un poco ofendido por vuestro rechazo, después os ignorará. Pero comprended que, cuando no habéis sido claros y habéis podido dejar creer al otro que tenía oportunidades, sois vosotros los que habéis maltratado primero. Thibault se subleva: «¡Sí, pero al principio era nueva, anda que no se alegraba de que yo no la dejara sola allí en su esquina! Luego me echó diciéndome que yo empañaba su reputación». ¡Pues sí, Thibault! Tu compañera tiene razón. ¿En qué lugar la has dejado tú a ella? ¡Todo el departamento debió de pensar que habías tenido sexo con ella, con la nueva! Así que ¿quién ha humillado gravemente al otro?

Sophie me escucha pensativa. Se considera parte del 80 %. Le encanta tener sexo. En una época, de buena gana habría hecho el amor varias veces al día. Pero se equivoca de definición. Es sensual, incluso muy sensual según lo que me explica, pero no está obsesionada con la idea de pasar al acto con quien acepte, tal como lo acabo de describir. En efecto, no por eso ve venir a los ligones ni busca encuentros inacabables sin amor ni emociones compartidas. Al contrario. Me cuenta

---

74. «¿Quiere usted acostarse conmigo...?», conocida canción de Labelle (1975). (*N. de la T.*)

75. La palabra «chatte» (gata), en un registro muy vulgar, designa en francés el sexo femenino. (*N. de la T.*)

que ha cenado muchas veces a solas con un compañero que, como ella, odiaba comer solo y trabajaba hasta tarde. Ella lo consideraba como un amigo y no se lo vio venir. Un día, él le hizo una ardiente declaración de amor. Estaba dispuesto a divorciarse por ella. El nivel ético de Sophie es tal que todavía hoy no comprende cómo pudo haberle hecho semejantes proposiciones un hombre casado y con hijos. En realidad, piense lo que piense, si ella hubiera formado parte del 80 % de los que hablo más arriba, habría puesto el placer sexual que este compañero podía procurarle por delante de cualquier otra consideración.

Al igual que, por principio, nunca deberíamos excluir la incompetencia o la codicia en las motivaciones humanas, en medio de un 80 % de obsesos sexuales nunca deberíamos excluir la opción de ligue en los sobreentendidos. Sed más vigilantes. Y para poner como conclusión un poco de ligereza, os invito a que veáis el *sketch* hilarante en el que Kad Merad y Valérie Lemercier intentan hacer comprender a sus amigos, muy mojigatos, que les gustaría hacer una velada de intercambios con ellos. Multiplican los signos y las alusiones con el pie. Sus amigos no ven nada. ¡Es tronchante!

Entonces, ¿estáis dispuestos a abandonar el estilo libre? Es urgente que os estructuréis y que respetéis una buena parte de los códigos sociales, porque realmente indisponéis a los normopensantes, mucho más de lo que imagináis.

Capítulo 8

La versión normopensante
de la sobreeficiencia

Para daros una idea lo más completa posible del mundo normopensante, me dije que sería interesante mostrar cómo se os percibe en él a vosotros y vuestros comportamientos. Así que empecé a estudiar este tema. Intenté ponerme en el lugar de un normopensante frente a un sobreeficiente y comprender qué podría sentir él. Leí también atentamente los libros y los artículos que hablaban de superdotación y cuyo autor presentía que era normopensante —¡«normopesante» llevo escribiendo espontáneamente desde el principio de esta introducción! ¡Qué lapsus tan revelador![76]

Antes de interesarme por este tema —como muchos sobreeficientes, imagino—, yo estaba metida en una ilusión positiva. Creía que los normopensantes nos apreciaban «a pesar de todo». Ciertamente, de sobra veía que nos encontraban un poco pesados. Yo vivía regularmente esos momentos de incomodidad que tan bien conocéis. Me decía: «Huy, ya he metido la pata, pero ¿cuándo?». Por momentos, percibía hasta qué punto hacen verdaderos esfuerzos para soportarnos. En otros, tras despertar su agresividad, me decía: «¡No habrías debido insistir!», antes de corregirme: «Sí, he hecho bien en insistir. Era importante y no podía dejarlo pasar. Pero ¿por qué se lo ha tomado como una agresión?». Ante ciertos silencios gélidos, pensaba: «Ay, querida, ¡qué ocasión has perdido de cerrar la boca! ¿Cuándo aprenderás a callarte?». En resumen, muchas veces me sentía en apuros, inadecuada, molesta, pero yo acha-

---

76. ¡Y así ha continuado durante la escritura de todo este capítulo!

caba esos tropiezos a nuestras incomprensiones recíprocas y pensaba que no dejaba de ser algo puntual. Como los neurotípicos ponían «buena cara» a la vez siguiente, yo concluía que habían pasado página. Admiraba incluso su capacidad para pasar a otra cosa y su tolerancia con nosotros.

Y después, estudiando el problema más de cerca, comprendí hasta qué punto puede ser estresante un sobreeficiente. Habla con alegría de la muerte, de libertad, de autonomía, de sentido de la vida. Desestabiliza al no dar la réplica «adecuada» en la conversación. Desprecia las posturas de las que tan orgullosos están los normopensantes. No está nunca en el tono adecuado. Se pone a ligar de una manera ofensiva, pero no lo asume. Avasalla a sus interlocutores. Le encanta la controversia. No está nunca allí donde se le espera. Exige respuestas afiladas a todas sus preguntas inquisitorias y, sobre todo, más astuto que los demás, pretende encontrar soluciones a todos los problemas del universo. ¡Me dije que eso era mucho que soportar, incluso para personas pacientes!

Después, descubrí en los neurotípicos un pequeño lado pasivo agresivo que hace que su hostilidad, mucho más real de lo que yo la percibía, quede enmascarada bajo un barniz de educación. Y ese barniz de cortesía se cuartea muy rápidamente en cuanto se aborda el tema de la «superdotación». Jean-Paul Brighelli[77] habla de un verdadero «odio a la inteligencia» y señala que, ya en la escuela primaria, los buenos alumnos sufren acoso sistemáticamente. Todo sobreeficiente que haya intentado hablar de su sobreeficiencia a un normopensante habrá experimentado antes o después esa sorda animosidad, oculta bajo un inmenso desprecio: «¡Todo eso son tonterías! ¡Es una moda! ¡Es comercial!». Por mi parte, las pocas veces que he hablado de la escritura en proceso de este libro que pretende descodificar los códigos sociales, he sentido cierta hostilidad. Así que no me hago muchas ilusiones sobre la acogida que le reservarán a este trabajo. Lo que más nos reprochan los normopensantes es que les juzguemos, aunque ellos, a la inversa, no se

---

77. Jean-Paul Brighelli es un profesor y ensayista francés, autor de *La Fabrique du crétin* (Gallimard, 2005), entre otros libros, y muy conocido por sus críticas al sistema educativo.

privan de hacerlo respecto a nosotros. La tolerancia es de geometría variable.

Yo tengo un espíritu crítico enfermizamente desarrollado. Ya lo habréis notado, seguramente. En eso es en lo que reside mi encanto, ¿verdad? Por lo mismo, no me creo a pies juntillas nada de lo que veo escrito, siempre voy a hurgar detrás. Si el/la autor/a ha escrito esto, entonces a la inversa quiere decir que... o implica que... He leído y releído cierto número de libros, y no centrados únicamente en el tema de la superdotación,[78] en busca de la mínima información que me permitiera comprender y explicar el funcionamiento de unos y otros, pero también las creencias, los clichés, los *a priori* y los filtros utilizados, con el fin de descodificar la realidad. Tengo por costumbre leer entre líneas, sentir lo que no está escrito e incluso leer directamente el texto al revés. Por ejemplo, si leo esta frase: «Estos niños presentan una gran intolerancia a la injusticia», inmediatamente en mi cerebro parpadea un chivato rojo. ¿Por qué no decir: «Estos niños presentan un gran sentido de la justicia»? ¿Por qué designarlos como «intolerantes»? ¿Sentís vosotros ese reproche subyacente y esa conminación oculta a ser más tolerantes con la injusticia? Mediante este modo de proceder, que algunos calificarán seguramente de «paranoico», he descubierto la amplitud del problema. ¡Los más edificantes han sido los libros sobre la superdotación! Claramente, con sus ideas extrañas y sus costumbres peculiares, los sobreeficientes alteran el hermoso ordenamiento del mundo neurotípico.

Dado que la sobreeficiencia no está inserta en el relato colectivo, no goza de existencia oficial. Por lo mismo, todos, tanto normopensantes como sobreeficientes, tienen un problema para nombrar esta particularidad. Esto explica los clichés enmohecidos que siguen circulando. Además, tan sólo se la percibe como una «diferencia», en comparación a una norma, la de la mayoría. ¿Superdotado en relación con quién? ¿Sobreeficiente en relación con qué eficiencia? ¿Neuroatípico en relación con qué neurotipo? ¡Como ya os figuraréis, la comparación no os resulta ventajosa! En la mayoría de los libros, la descripción está como prueba de cargo. Aunque reconociéndole al superdotado un «dispositivo cognitivo global de alto nivel», una conectividad significativamente

---

78. ¡Venga, id a echar un vistazo a la bibliografía que os propongo al final del libro!

149

más importante, una eficacia global en el tratamiento y la transmisión de la información neuronal, es decir, una superioridad cognitiva general, el resto de la descripción no es sino una enumeración de disfunciones. En mi opinión, el enfoque más solidario del funcionamiento sobreeficiente es el de Carlos Tinoco.[79] Lástima que se limita, como la mayoría de los demás libros, a la noción de «superdotación». Su planteamiento podría afectar a todos los neuroatípicos, incluidos los que no se reconocen en el apelativo «superdotado».

La sobreeficiencia es una enfermedad mental

Carlos Tinoco denuncia el planteamiento «terapéutico», al igual que lo hago yo en *Mon enfant pense trop* hablando del «vals de las etiquetas». Para él, este enfoque médico sobreentiende que el funcionamiento típico es el comportamiento «sano», o sea, el patrón conforme al que se debe medir la «desviación» del superdotado. «Esto tiene muchas consecuencias graves, subraya, ya que implica que el funcionamiento típico en ningún momento se cuestiona». Por lo mismo, la sobreeficiencia está considerada como un disfuncionamiento mental.

Un día se puso en contacto conmigo un hombre que estaba muy preocupado por su esposa. Gravemente acosada en su trabajo, se había desequilibrado por completo y había acabado ingresada en un hospital psiquiátrico. En mi libro *Échapper aux manipulateurs* (Guy Trédaniel Éditeur, 2007), este marido había encontrado un inicio de explicación de la presión de control que había sufrido y un retrato desgraciadamente muy fiel del malnacido de su superior jerárquico. Para ayudar a su esposa a recuperarse más rápido, le aconsejé a aquel hombre que le diera a leer *Pienso demasiado* (Obelisco, 2019). La continuación me la contó ella. Cuando iba por los pasillos del hospital psiquiátrico con el libro en la mano, los otros «enfermos», muy intrigados por el título, la interpelaban. De ello se seguían conversaciones apasionadas sobre el contenido del libro. Esto irritaba al médico del departamento. La mu-

---

79. Y de sus coautores Sandrine Gianola y Philippe Blasco, en *Les «surdoués» et les autres, op. cit.*

jer pronto mejoró. Aunque ella se lo afirmara, a su psiquiatra le costaba atribuir aquella espectacular mejoría a una simple lectura. Unos días más tarde, yo hacía una emisión en directo en la radio sobre este tema. Al entrar en la habitación de su paciente, el médico se encontró con un grupo de quince «locos» sentados en el cuarto escuchándome religiosamente. Entonces, me invitó a comer y después estuvimos colaborando durante varios años. Perito psiquiatra en tribunales, utilizó muchas veces mi trabajo en sus informes periciales. A mí esto me honraba y me encantaba por las víctimas a las que defendía. Rara vez me he tropezado con un psiquiatra tan abierto y humanista. Le habría gustado mucho llevarme para que interviniera como conferenciante ante sus compañeros, pero nunca lo logró hasta su jubilación. La idea de que yo no tuviera el título de psiquiatría les daba náuseas.

Desde esta historia, me he preguntado muchas veces por el vivo interés que habían manifestado por mi libro esas personas ingresadas en psiquiatría. La aventura se reprodujo en diversas ocasiones. Varios/as de mis clientes me han confirmado que durante sus ingresos psiquiátricos se habían cruzado con muchos sobreeficientes. Ése es, por otro lado, el grito del corazón casi sistemático de los lectores de *Pienso demasiado*: «*¡Gracias a su libro sé que no estoy loco!*». Entonces, ¿cuántos ingresos hospitalarios podrían estar ligados a una de esas «desintegraciones positivas» descritas por Dabrowski, mal comprendidas y mal acompañadas? ¿Realmente es signo de buena salud mental un pensamiento plano? Más recientemente, leí un artículo titulado «Superdotado o esquizofrénico: una distinción difícil para los psiquiatras».[80] Este artículo se inspiraba en el trabajo de Claire Grand, psicóloga especializada en precocidad en Pringy (Alta Saboya). Decía que había dejado de contar a los adultos superdotados —o que parecían serlo— y que le confesaban haber recibido un diagnóstico de esquizofrenia, aunque no parecían «más delirantes ni más paranoicos que otro cualquiera». Claire Grand añade: «Es razonable pensar que muchos de ellos han sido víctimas de un mal diagnóstico, lo cual es muy grave, por lo doloroso, aterrador y potencialmente destructor que es cargar con semejante diagnóstico». Yo confirmo estas declaraciones. Al igual que esta psicóloga,

---

80. www.les-schizophrenies.fr

recibo muy regularmente en *coaching* el mismo tipo de testimonios de clientes diagnosticados/as «*borderline*», «bipolar» o «esquizofrénico». De paso, quisiera saludar aquí a Michel, diagnosticado como esquizofrénico y paranoico durante años. Le acompañé en su lucha y, finalmente, hace poco se le reconoció como autista Asperger de alto nivel, cosa de la que yo no había dudado nunca. ¡Cuántos años perdidos y cuánta energía desperdiciada para invalidar ese terrible error de diagnóstico!

El acercamiento realizado a través del *coaching* apenas suele ayudar más. Yo me sublevo con frecuencia ante el estado de ánimo con el que se aborda. En lugar de ayudar al sobreeficiente a comprenderse, a aceptarse tal como es y a sacar el mejor partido de su fabuloso cerebro, se procura darle herramientas para «cambiar» y para «adaptarse» a un mundo que no está concebido para él. Pero el cambio que se le pide es violento: implica negar su naturaleza profunda y someterse a un sistema que también es completamente disfuncional. ¿Adaptarse a un mundo enfermo es el único acercamiento posible? Porque, en realidad, ¿quién es el loco? ¿El sobreeficiente o este mundo hipernormatizado, encerrado en su realidad imaginaria? Y si la idea es «tratar» a los sobreeficientes, ¿qué quieren hacer con ellos exactamente? ¿Proceder a la ablación de su capacidad? ¿No es una chaladura total querer sanar a alguien de una inteligencia fulgurante y creativa?

En las descripciones que he leído de los sobreeficientes en diferentes libros, me he dado cuenta de que en ellos se suelen definir como características estructurales suyas de conjunto ciertos sufrimientos psicológicos que presentan y que se desprenden directa y únicamente del maltrato que les hace padecer la sociedad (negación, desprecio, críticas y rechazo). Es exactamente la misma dinámica que la de la violencia conyugal. El marido violento acusa a su mujer de estar loca y ser depresiva, cuando es su propio comportamiento el que genera ese resultado. Y es precisamente de eso de lo que se trata: a los ojos de nuestra sociedad maltratadora y que está sumida en la negación de su maltrato, ¡vosotros estáis locos, sois depresivos y, por añadidura, inmaduros!

Muchos autores señalan una forma de depresión crónica en los sobreeficientes, al mismo tiempo que los compadecen por ser tan desdichados debido a que son demasiado inteligentes. ¡O sea, que somos unos lloricas! Pienso que el malentendido procede del coraje con el que afrontan los sobreeficientes sus angustias existenciales. Esto desconcierta a los neurotípicos y se traduce como prueba de un fondo depresivo. ¡Qué ocurrencia, ir a confrontarse con esas angustias de muerte, del sentido de la vida! ¡Qué error de apreciación, sobre todo! Porque todos los testimonios van en ese sentido: atreverse uno a afrontar sus angustias existenciales es más sano y más constructivo que huir de ellas. ¿Conque depresivos los sobreeficientes? ¡Qué va! Con diez años de perspectiva que tengo ahora, lo puedo atestiguar: un sobreeficiente comprendido y aceptado está feliz como unas castañuelas, atiborrado de humor, de optimismo y de entusiasmo. Bueno, por lo menos una vez al día. Pues sí, es como el pronóstico del tiempo en Bretaña. Los bretones os lo afirmarán: en Bretaña hace bueno todos los días, pero no durante todo el día. Las montañas rusas emocionales son la especialidad de los sobreeficientes. Pero, para los normopensantes, un funcionamiento psíquico sano es un humor estable e igual. Y punto. Fijan una proporción aceptable, según sus criterios, más allá de la cual al sujeto se le descalifica: ¡Bipolar! ¡Histérica! ¡*Borderline*!

O sea, que cuando estáis abajo sois depresivos, pero cuando estáis arriba la cosa no mejora mucho: ¡sois inmaduros por estar tan eufóricos! Podría dar bastante risa si no fuera tan dañino: los normopensantes, encerrados en su relato colectivo traído por los pelos, se encuentran a sí mismos muy racionales y les reprochan a los sobreeficientes que sean inmaduros y no afronten «las realidades de la vida». La negativa a resignarse a vivir una vida apagada y tibia parece ser signo de inmadurez. Los neurotípicos están tan convencidos de vuestra inmadurez que, en ciertos libros sobre la superdotación,[81] los autores, con la mayor seriedad del mundo, ¡recomiendan a vuestros interlocutores que os hablen como a adolescentes!

En las diferentes descripciones de los sobreeficientes que he leído, he sentido, bajo unos exteriores *a priori* benévolos, una representación de los sobreeficientes que sirve como prueba de cargo. A veces he tenido la impresión de estar leyendo listas de críticas y de reproches, entre-

---

81. NUSBAUM, Fanny; REVOL, Olivier y SAPPEY-MARINIER, Dominic, *Les Philo-cognitifs*, Odile Jacob, 2019.

cortados y puntuados por unos cuantos «pero tan interesantes», «pero tan entrañables», «pero tan creativos» y pequeños cumplidos anexos que procuran enmascarar la irritación que suscitáis y atenuar la requisitoria.

A lo largo de mis lecturas, he sentido, en esos estudios aparentemente objetivos, juicios de valor muy despectivos. También me he quedado sorprendida de la cantidad de comportamientos que los autores prestan a los sobreeficientes dándolos por voluntarios o deliberados. Ninguna torpeza podría ser fortuita. En vosotros todo está calculado. Sabéis muy bien lo que hacéis.

Por ejemplo, en *Les Philo-cognitifs*,[82] los autores creen que multiplicáis los fogonazos de genialidad para epatar a la galería. Esto es lo que escriben:

«Los filo-complejos tienen demasiadas veces tendencia a pensar que se les aprecia y estima por los fogonazos de talentos diversos de los que dan muestra. Por eso intentarán multiplicar los comportamientos que proyectan una imagen espectacular de ellos. Permanecen mucho tiempo acunados por la ilusión de que trabajar para progresar o ser eficaz es muestra de falta de talento o de inteligencia; que un destello atrae mucho más respeto que un comportamiento esforzado».

¿Vosotros os reconocéis en esta descripción? Yo no, yo no os reconozco. Es hiriente, ¿verdad? No obstante, valía la pena hacer caso omiso y perseverar en mis lecturas. A los normopensantes se les permite pensar eso. Ayuda saberlo. Gracias a estas completísimas descripciones, realmente comprendí yo mejor la manera en la que los neurotípicos perciben la sobreeficiencia. Leyendo entre líneas, dando la vuelta a las negaciones, adoptando el punto de vista normopensante, ¡todo se vuelve cristalino! Aquí tenéis la síntesis de las intenciones que se os atribuyen.

Queréis ser el centro de todas las atenciones

Se os percibe como que buscáis imponeros por la fuerza: al parecer sois deliberadamente invasivos, fuera de lugar, provocadores. O sea, que

---

82. Ibíd.

haréis lo que sea para estar en la luz y para monopolizar la atención y la palabra. A la inversa, si se os ocurre ser discretos, habéis de saber que eso no se percibirá mejor. Vuestra retracción se interpretará como ostensiblemente desdeñosa para que la asamblea no pueda ignorar que la despreciáis. He leído con estupor que eso sería una venganza por vuestra parte, porque se os ha rechazado. Pero como sólo se os ha rechazado debido a vuestra inadecuación, alimentáis vosotros solos vuestro bucle retroactivo. Esto era lo que había que demostrar. Con todo lo que os he explicado antes, podéis comprender que los normopensantes tengan esta percepción de la situación. A un turista en medio de una función de teatro se le identifica, efectivamente, mucho más que a los actores. ¿Cómo podría no saber que se está interpretando una función de teatro? Y, tanto si se calla como si habla, él no participa en la representación.

Queréis impresionar gastando poco

Si leemos los escritos que hablan de vosotros, los normopensantes os encuentran arrogantes, pretenciosos y megalómanos. Nadie se tomará el tiempo de medir el enorme trabajo que habréis realizado como submarino para que en superficie todo parezca simple, fácil y superficial. Como, en apariencia, vais mariposeando de un tema a otro, no es posible que hayáis profundizado en el tema hasta ese punto, vais de farol. Los normopensantes no saben que vuestro cerebro funciona por retos. Y es ese sentido del reto el que os permite ser eficaces más allá de todo lo que ellos podrían concebir. Pero, una vez superado el desafío, el tema pierde todo su interés. Por eso soltáis. Cuando vosotros pensáis que habéis agotado ampliamente una cuestión o pregunta, ellos creen que simplemente habéis pasado de puntillas por la noción. Esto explica que os tomen por un diletante, el rey del pavoneo, que quiere fardar sin cansarse… Y que lo logra, ¡esto es lo que más los irrita! ¡Y además os hacéis los modestos! Me parece que muchos sobreeficientes subestiman la admiración y la envidia que suscitan. Pero es eso lo que los excluye. Porque la admiración aísla y rechaza tanto como la envidia. Las dos transmiten el mismo mensaje: «¡Tú no eres como nosotros!». Así que quedas apartado y castigado por despuntar. Pobre Juan Salvador,[83] condenado a vivir sin apoyo su búsqueda de absoluto. Fuera del relato colectivo y rechazado precisamente debido a las cosas que realiza fuera de la norma, ¿tenía más opciones para llenar su existencia solitaria que consagrarla a la pasión del vuelo?

Carlos Tinoco piensa que el típico siente una profunda herida narcisista frente a las facilidades del superdotado y que quiere tomarse la revancha. En *Les «surdoués» et les autres,* Sandrine Gianola, coautora suya, efectúa una relectura de la fábula de *La liebre y la tortuga*, ¡tan implacable como regocijante! La tortuga, esforzada y mediocre, está encantada de darle una «buena lección» a la liebre, que no tiene nada que demostrar en lo que se refiere a sus desempeños en carrera. Así, para renarcisizarse, el normopensante enarbola la ideología del mérito, de la constancia, del esfuerzo y de lo penoso, y después erige el conjunto en sabiduría ancestral. Le hace creer al sobreeficiente que sus excepcionales cualidades no le sirven para nada «porque no sabe esforzarse», lo cual es totalmente falso: un sobreeficiente motivado tumbará montañas de trabajo, ¡y con una sonrisa, por favor! Carlos Tinoco señala que, dentro de esa lógica de meritocracia, los docentes son proclives a dar por bueno a un apático que saca 12/20, pero sancionarán a un 15/20 con demasiado relumbrón.

En *Les Philo-cognitifs,* se aplicará la misma ideología: os dan el buen consejo de que seáis voluntariosos. «Para evitar el rechazo del entorno frente a esta imagen, un filo-complejo debe aprender así, cuanto antes, las virtudes del trabajo». O sea, que está claro: no conocéis «las virtudes del trabajo». La inmensa obra que estáis realizando, como no tiene forma laboriosa y penosa, nunca se percibe.

Por otro lado, los normopensantes estiman que si vosotros siempre hacéis de más, es para mostrar vuestra superioridad. Y ahí no se equivocan en no encontrar otra explicación. Maxime Rovère, en *Que faire*

---

83. *Juan Salvador*, de Richard Bach, es una novela iniciática. A una gaviota apasionada por el vuelo la excluyen de su tribu por haber perfeccionado demasiado sus técnicas de *looping* y de vuelo rasante. Y entonces la guían hacia unas gaviotas de luz… ¡Magnífica historia para los sobreeficientes!

des cons, os envía un mensaje contundente sobre el que os invito a meditar:

«En el seno de las organizaciones piramidales, una de las formas más extendidas de gilipollez consiste en exigir empeño a los demás y/o en poner empeño uno mismo, en ausencia de cualquier noción del objetivo que merecería que pusiéramos empeño y de cualquier beneficio que lo hiciera gratificante. Es así como el empeño, forma de estupidez histerizante, contribuye a vaciar el trabajo de su sentido y a alimentar su reverso: la larga y blanda idiotez de aquellos a los que, realmente, se la trae floja».[84]

Efectivamente: vuestra necesidad de estar muy ocupados para gastar vuestro exceso de energía da de vosotros una imagen de empleado abnegado hasta más allá de lo razonable, tipo pelota de turno e impartidor de lecciones.

Sois unos agitadores

Los neurotípicos piensan que vosotros sentís la necesidad de jugar con los límites de ellos; bueno, los que no conocíais hasta esta lectura, porque sus líneas amarillas son implícitas y arbitrarias. Hemos visto hasta qué punto el desconocimiento del marco os lleva a funcionar en estilo libre. Esa improvisación constante es lo que redefinen ellos como intención de desestabilizar. O sea, que sois voluntariamente provocadores y especialistas de la controversia. Los cuestionáis sin descanso, tan sólo para llegar al punto en el que podréis cogerlos en un renuncio, para humillarlos bien. Sois incapaces de hacer la mínima concesión. Siempre tenéis que encontrarle pegas a todo. En resumen, con vuestras tendencias autodestructivas, buscáis los problemas y, una vez que os llegan, ¡bien merecidos os los tenéis! Ya sé, la toma de conciencia es perturbadora. Pero, con todo lo que lleváis aprendido desde el inicio de esta lectura, podéis comprender hasta qué punto es legítima su percepción de la situación… desde su punto de vista. ¡Evidentemente, el des-

---

84. Rovère, Maxime, *Que faire des cons? Pour ne pas en rester un soi-même*, op. cit.

encriptado de esas situaciones sería radicalmente diferente desde un punto de vista sobreeficiente!

Sí, tenéis un sentido crítico desarrollado y una tendencia natural a interrogaros, aunque haya que poner en tela de juicio las certezas comúnmente admitidas, pero, hasta el momento presente, creíais constructiva esa crítica. ¡Enorme error! Carlos Tinoco nos lo explica: «En el funcionamiento típico, la reflexión se organiza regularmente a partir de la ocultación de una parte de la realidad». Nada debe amenazar el discurso explicativo y normativo mediante el cual se edifica el grupo. El mantenimiento del relato colectivo implica, pues, no pensar demasiado, no cuestionar, ocultar las informaciones que desmienten o que provocan duda y, sobre todo, no señalar las incoherencias. Ahora bien, la mente de un sobreeficiente no conoce descanso y está en estrés hasta que no comprenda. De ahí ese cuestionamiento incesante. ¡Los normopensantes seguramente nunca verán hasta qué punto podéis ser apacibles cuando vuestra mente ya tiene cubierto su cupo de respuestas y de complejidad! Pero quedaos con la lección: guardad vuestros comentarios para vosotros e id a hacer las preguntas a otra parte. Ahora se encuentran en Internet prácticamente todas las respuestas. No os expongáis más a dejar en evidencia a vuestro interlocutor. En el mundo neurotípico, verse acorralado a decir «No lo sé» suena como una bajada de pantalones.

Por otro lado, no tenemos en absoluto la misma noción de la «transgresión». Desde el punto de vista de un normopensante, las libertades que os concedéis vosotros son chocantes. Él no puede adivinar que vosotros ni siquiera conocéis la existencia de las prohibiciones o tabús que él se esmera escrupulosamente en respetar. Se les reprocha mucho a los sobreeficientes que no sepan hacer «soluciones de acuerdo mutuo», o sea, sacrificios en servicio del relato colectivo, pero de hecho nadie hace «acuerdos mutuos», ¡y menos los normopensantes, que no concederán ninguna modificación a su relato colectivo!

En *Les Philo-cognitifs*, los autores señalan: «Así, la construcción mental de un filo-complejo lleva a éste mucho más a buscar respuesta a sus aspiraciones profundas (ideal del yo) que a plegarse a reglas aprendidas y a autocensurarse para adaptarse a las normas sociales (superyó)». Está absolutamente bien visto, pero presentado así suena una vez más como un reproche, ¿no?

Quizá sea yo un poco ingenua por creer en vuestra inocencia. Pero durante nuestras sesiones, de sobra veo que os extrañáis sinceramente de las reacciones negativas que provocáis y del maltrato que padecéis. ¿Puede ser que, consciente o inconscientemente, os guste avasallar? Seguramente hay un poco de Cyrano, del Misántropo y de don Quijote en cada uno de vosotros. Al igual que ellos, vosotros también pondréis vuestra integridad por delante de las concesiones. Vuestra sed de verdad, vuestro perfeccionismo y vuestra rectitud, rayanas en la rigidez, no casan con los códigos de la servidumbre voluntaria. Sí, muchas veces preferís morir de pie que vivir de rodillas. Pero, lejos del deseo de provocar, lo que os falta por lo general es simplemente un *feed-back* constructivo para comprender dónde estaba la metedura de pata. Espero que este libro os lo esté dando.

Dado que sois provocadores por naturaleza, los normopensantes muchas veces os dan el consejo de que hagáis de ello vuestro medio de subsistencia. En sustancia, ¡haceos humoristas! Este consejo no es tan tonto. Los sobreeficientes se dan cuenta ya desde la escuela primaria: hacer reír es prácticamente el único medio que tienen de ser aceptados y de neutralizar la agresividad de los demás. Pero cuidado con no confundir las diferentes formas de reír. La mofa no es humor. Se puede reír «con» y se puede reír «de». Nos reímos del personaje ridículo de Dostoievski,[85] nos burlamos del payaso, pero el bufón se ríe de nosotros. El bufón y el filósofo son los únicos a los que se les permite decir lo que piensan y tener un relato autónomo. ¡No os hagáis payasos, sino sed bufones!

El perfecto superdotado

¿Puede ocurrir que un superdotado caiga en gracia a los ojos de los neurotípicos? Pues sí, cuando está embutido en su falso yo hasta el

---

85. DOSTOIEVSKI, Fiodor, *Le Songe d'un homme ridicule et autres récits*, Folio classique, 2010.

punto de ahogarse en él. En estos casos, su sobreadaptación hace milagros. A los demás les parece carismático, abierto de mente, ponderado y sociable. Sus ideas, ingeniosas e innovadoras –pero no demasiado– y propuestas con la modestia que conviene, se oyen y se aceptan. Pero no os alegréis demasiado pronto: lo que sobre todo se aprecia en él es que sabe hacerse discreto y fundirse en la masa. Su sobreadaptación le permite antes que nada no distinguirse demasiado de los demás. En eso es en lo que es perfecto. En resumen, ¡tapad esa capacidad que yo no toleraría ver! ¡Por semejante objeto sufren heridas las almas!

De hecho, el perfecto superdotado no tiene más que un único defecto: un buen día, le saltan los plomos. Tras años pasados forzando la admiración de todos, hace un *burn-out* o una gran depresión y lo manda todo a paseo ante la mayor estupefacción de su entorno. De forma brusca, cambia radicalmente de vida y de orientación profesional. Esa nueva existencia parecerá muchísimo menos prestigiosa que la antigua, hasta tal punto que su serenidad y su florecimiento causarán desolación a sus personas cercanas y permanecerán como un enigma.

A partir de las descripciones que he leído, se dibuja en el perfecto superdotado un sobreeficiente encorsetado en su miedo a ser rechazado, crispado en una sobreadaptación constante y embutido dentro de un falso yo digno de una armadura medieval. Es decir, que yo veo a alguien desgraciado y profundamente angustiado, que presenta todos los inconvenientes que he descrito en mis libros anteriores. Pero ese superdotado perfecto en su sobreadaptación es el único que les gusta a los normopensantes.

Estoy sorprendida e incluso inquieta al constatar hasta qué punto los científicos neurotípicos que han estudiado el tema no han sabido percibir que la sobreadaptación, como su nombre indica, no es más que un comportamiento, y en ningún modo es estructural. Al «remitirse al arbitrio de la ciencia», como pretenden, creen ver funcionar en la IRM una forma de estructura mental, ahí donde yo concluiría solamente que, mientras está atado dentro de su falso yo, el superdotado no hace parpadear su cerebro del mismo modo que cuando se ha liberado de él. La IRM nunca mostrará dónde nacen las ideas. Finalmente, dentro de esta perspectiva, el sobreeficiente exasperante es aquel que, por suerte, ha fracasado al apartarse de sus emociones y al ponerse su traje de camaleón. Bien por él, aunque él lo pague muy caro.

Un espejo deformante

Ciertamente, vosotros no sois los que describen los normopensantes. Pero ellos sólo pueden comprender las cosas con su rejilla de descodificación. Cuando una esfera atraviesa *Flatland*,[86] aparece un punto, que se transforma en un círculo cada vez más ancho antes de menguar y desaparecer. En ningún momento habrán adivinado los habitantes de Flatland que se trataba de una bola. Pienso que es más o menos así como los neurotípicos os perciben. Cada día me parece más peligroso pedirles, a ellos que no comprenden gran cosa del asunto, que os digan quiénes sois y dejarles que os definan. Me doy cuenta hoy de que durante la escritura de mis primeros libros sobre el tema, aunque muy disidente en el alma, aún estaba demasiado impregnada de su parecer y de lo que ellos nos devolvían de nosotros. Pienso haber transmitido cierto número de contraverdades que os conciernen. No obstante, desde el inicio me he sublevado mucho contra los sacrosantos test de CI. Si la medida perturba el objeto cuántico, ¡qué pensar del impacto que deja el sometimiento a esos test de CI de un superdotado hipersensible y emotivo! Fanny Nusbaum parece tener la intuición de que los filo-complejos —es decir, los sobreeficientes que están fuera del falso yo— «suspenden» estos famosos test, aunque tienen capacidades fuera de lo normal. Es un buen principio.

Hoy, lo que me alerta es el encarnizamiento con el que algunos científicos buscan cómo aislar «el gen del autismo». A semejanza de Hugo Horiot,[87] pienso que el programa que están cocinando es un eugenetismo equivalente al que actualmente está vigente en Francia en contra de los trisómicos. ¡Erradiquemos a los autistas! ¡Abajo los pe-

---

86. *Flatland* (El país plano) es una novela alegórica publicada en 1884 por Edwin Abbott Abbott, que da vida a las figuras geométricas y cuenta la historia de un cuadrado que vive en un mundo plano.
87. Horiot, Hugo, *Autisme: j'accuse*, Éditions de l'Iconoclaste, 2018.

queños Mozart o los pequeños Einstein! Quedémonos tan panchos entre mediócratas[88] formateados. ¡A mí esto me da mucho miedo!

Dentro de esta prolífica literatura sobre los «superdotados», la condición necesaria para que os podáis atribuir este título es haber superado los test de CI. Muchos os harán sentir que el autodiagnóstico es MUY grave y MUY peligroso, mucho más peligroso, evidentemente, que todos los errores de diagnóstico de los que hemos hablado al principio de este capítulo. Una vez más, el único libro que os concede el derecho de iros olvidando de la opinión de los neurotípicos es *Les «surdoués» et les autres*. A ejemplo de lo que escribe Sandrine Gianola en este libro, yo pienso que la persona sobreeficiente es totalmente capaz de saber quién es en su interior, de observar ella sola cómo funciona, de sentir sus emociones y de reconocer por sí misma su hipersensibilidad. ¿Por qué debería delegar sistemáticamente en instancias externas el derecho moral a definir quién es?

Concedeos pues el derecho a ser vosotros, a saber quién sois, independientemente de lo que piensen los normopensantes, sin tener ni que demostrar ni que convencer. A cambio, sabiendo ahora cómo reaccionan ellos a vuestros comportamientos y conociendo la existencia del marco dentro del cual evolucionan, tendréis la opción de adaptaros o no, y ahora con toda conciencia.

Salvo por unos cuantos gallos...

En música, la principal diferencia entre las escalas mayores y menores se encuentra a la altura del segundo intervalo. Dentro de una escala mayor, la distancia entre la tónica y la tercera nota es de dos tonos, mientras que tan sólo es de un tono y medio en una escala menor. Esta minúscula diferencia de intervalo hace la melodía más alegre en acorde mayor o más melancólica en acorde menor. Detalle divertido: la otra diferencia importante es «la nota sensible», que sólo existe en la escala mayor. Para aprender a reconocer la diferencia entre mayor y menor, los músicos deben ejercitar el oído. Asimismo, son ínfimas diferencias

---

88. DENEAULT, Alain, *La Médiocratie*, Lux Éditeur, 2015.

de realidad imaginaria entre sobreeficientes y normopensantes las que crean las pocas disonancias que tendréis que entrenaros para percibir. Como con tanto acierto decía Marc Vella, músico autor del libro *Éloge de la fausse note*: «Fracasos, comportamientos negativos y destructores, frustraciones cotidianas, insatisfacciones, depresiones, incapacidad para amar y para ser amado: todas estas notas desafinadas de la vida son otras tantas ocasiones de aprender, de avanzar, de crecer y de renovarse».[89]

¿Corre el riesgo de perdurar la incomprensión recíproca? Sí, ciertamente. Carlos Tinoco os propone que penséis «la separación» que hay entre el superdotado y los demás. A través de este libro, tengo la pretensión de daros bastantes claves para que podáis navegar cada uno a vuestro antojo dentro de este mundo «normopesante» sin exponeros a estrellaros contra las rocas de sus códigos sociales. Por su lado, a su manera, los normopensantes están haciendo objetivamente cada vez más esfuerzos para comprenderos y haceros un sitito. Cuanto más os aceptéis vosotros tal como sois, más les obligaréis a ellos a hacer otro tanto, lo cual no impide ser prudentes.

Aprender a callarse

Comprended bien que acumuláis numerosos hándicaps: inteligencia, tolerancia, argumentos, conocimientos, objetividad… sin contar una libertad de pensamiento y un sólido espíritu crítico. Os lo he dicho mil veces: la diferencia entre el loco y el sabio es que el sabio sabe con quién no hablar. Hoy, yo añadiría: ser inteligente es también saber cuándo y con quién jugar a hacerse el tonto.

Renunciad a tener razón. De todos modos, tener razón demasiado pronto es estar equivocado. Una vez que habéis renunciado a tener razón, halláis de nuevo a vuestra disposición una fuente de energía colosal para holgar alegremente en vuestras ocupaciones. Renunciar a la necesidad de tener razón no significa que no tengáis opinión, sino que no gastáis energía en defender vuestro punto de vista. La confrontación

---

89. VELLA, Marc, Éloge de la fausse note, Éditions Le Jour, 2012.

entre los que están equivocados y los que llevan razón perjudica a todas las relaciones y genera grandes sufrimientos y muchos conflictos por todo el mundo. Cuando no nos defendemos, nos volvemos invencibles, puesto que ya no hay nada que atacar. Y recordad: lo que tenemos que defender es solamente una realidad imaginaria, un espejismo mental, un conjunto de conceptos. En resumen, un sobreeficiente también es susceptible de pelear por un plátano que no existe.

En lugar de agotaros intentando despertar a personas sumidas en la hipnosis profunda de su relato colectivo, uníos a los que ya están despiertos, o, más exactamente, a los que comparten vuestra visión del relato, porque no están forzosamente más despiertos.

Yo imparto regularmente jornadas en cuyo desarrollo solamente se encuentran participantes sobreeficientes. Por ejemplo, si el tema de la jornada se titula: «Domesticar la propia sobreeficiencia» o «Manejar la propia hipersensibilidad», entonces los únicos que participan son ellos, que están directamente afectados. Estas jornadas de formación son muy agradables para todo el mundo: todo es fluido, fácil, evidente. Siento circular una extraordinaria benevolencia entre los alumnos. Están asegurados la inteligencia, la curiosidad, el humor y la ligereza. Puestos en confianza dentro de un entorno seguro, los sobreeficientes dan lo mejor de sí mismos. Ya no hay riesgo de metedura de pata, un estilo libre sin derrapes con hermosos arabescos, una intimidad ofrecida y acogida con sencillez, nada de ligues cargantes, emociones plenamente asumidas... Los alumnos lo reconocen: ¡qué sencilla es la vida entre sobreeficientes! Yo tengo la misma sensación en todas partes donde nos reúnen las circunstancias: firma de libros, conferencias... Incluso tuve ocasión de vivir una jornada informal en Seúl con mis amigos coreanos de Facebook, jóvenes lectores de *Pienso demasiado*. Encontré en ellos la misma sencillez, la misma amabilidad, muy cercana al cariño, y sobre todo la misma emotividad. ¡Fue intenso! A pesar de la barrera de la lengua, estábamos en la misma longitud de onda. También los vi reconocerse y reencontrarse en una gran fraternidad. Entonces, si todo es más sencillo entre sobreeficientes, ¿qué utilidad tiene conocer esos famosos códigos neurotípicos?

El mundo es mayoritariamente normopensante. Fuera de esas burbujas de fraternidad sobreeficiente, tenéis todas las papeletas para veros confrontados con él. Es posible frecuentarlo sin sufrir por ello. El maltrato que ese mundo os inflige es globalmente involuntario, y ello, en esencia, debido al desconocimiento de los sobreentendidos por ambas partes. Los neurotípicos desconocen sus propios códigos porque los tienen demasiado bien asimilados como para ser aún conscientes de ellos. Y además, como están integrados en su relato colectivo, ya no tienen distancia respecto de ellos. Estoy casi segura de que encontrarán absurdo este tiempo que yo me habré pasado en explicitar tales evidencias: ¡otro libro más que descubre la pólvora! Se encuentran a tantos años luz de vuestro funcionamiento neuronal que no pueden adivinar hasta qué punto a vosotros esos mecanismos os son ajenos.

He deseado aportaros comodidad y seguridad en vuestras interacciones. En todas las situaciones de la vida corriente, el riesgo de meter la pata, de ligar o de ofender sin querer complica enormemente las relaciones y es una gran fuente de estrés. Sentirse juzgado también. Pero es la minoría quien tiene que adaptarse. Tomad nota. Ahora tenéis todas las claves en la mano para lograrlo.

Una última cosa: ¡figuraos que, escribiendo este libro, he estado a punto de volverme normopensante!

CONCLUSIÓN

Bueno, pues llegamos al final de este libro. Espero haberos dado todas las claves para comprender por fin ese mundo en el que vivís y que, *a priori*, está tan poco adaptado a vosotros.

Para permitiros tener acceso a la sociedad neurotípica, me he introducido en ella y me he ajustado a ella. He puesto en aplicación este proverbio indio: «No hables con lengua de víbora de tu hermano antes de haber caminado tres lunas con sus mocasines».

Cuando me calcé los mocasines normopensantes, pensaba que los iba a encontrar muy estrechos, pero, en realidad, me han parecido muy cómodos. En este universo en el que me he infiltrado para vosotros como avanzadilla, he encontrado una paz, un sentido común y una simplicidad que a uno le descansan mucho. Simplemente me apetecía dejar mis maletas en él. Y *a posteriori*, por contraste, me he encontrado muy estresante y muy pesada en mi antiguo funcionamiento de sobreeficiente. Comprendo ahora hasta qué punto podemos ser penosos de soportar para los neurotípicos.

Durante el proceso de escritura, he sentido a mi cerebro pasar al modo lineal y secuencial, y no tener ningunas ganas de regresar a su borboteo arborescente habitual. Vivir en el presente, hacer las cosas una tras otra, no tener ya cimas que escalar, sino tan sólo un sendero que seguir, que no me importara nada recoger desafíos y saborear la vida cotidiana eran cosas que me convenían totalmente. Se acabó el yoyó emocional, el tirano interior, las preguntas sin respuesta y el deseo de cambiar el mundo. Es verdad que los confinamientos debidos a la Covid-19 me han ayudado mucho. Escuchaba cantar a los pájaros, aspiraba la naturaleza y miraba el cielo con un arrobo diez veces renovado en un solo día. Vivir es ahora. No más proyección hacia el futuro posible; entonces, ¿por qué tener siempre la urgencia de avanzar?

Partiendo de ahí, me ha parecido que escribir este libro era una empresa fuera de mi alcance. La tarea con frecuencia se me antojaba sobrehumana. Ya no comprendía adónde quería ir a parar en mi escritura. Me sentía ahogada y confusa en lo que había emprendido explicaros. Se me iba para todos los lados, ya no veía el hilo conductor, estaba perdida. En un rincón de mi cabeza, una sirena daba alaridos: «¡En modo secuencial jamás llegarás a rematar ese trabajo de escritura! ¡Haz mapas mentales! ¡Ponte a trabajar otra vez! ¡Utiliza códigos de color para organizar tus ideas en series! ¡Despierta tu cerebro!». Aunque, visiblemente, la inhibición latente se había puesto a funcionar: esa sirena estridente en lontananza apenas me molestaba.

Pero cuanto menos emotiva me sentía, más angustiada estaba. Fue entonces cuando recordé que Jill Bolte Taylor dice exactamente lo contrario en su libro *Voyage au-delà de mon cerveau*.[90] Explica que cuando sufrió su ACV, a medida que su hemisferio izquierdo se iba quedando defectuoso y ella descubría las capacidades de su hemisferio derecho, cambiaba de mentalidad. Reconoce que, siendo su cerebro derecho dominante, era más emotiva, pero estaba mucho menos angustiada. ¡Eureka! ¡Teniendo las mismas dotes que Jill Bolte Taylor, yo había hecho el viaje en el otro sentido! ¡Y sin ACV, además! En este estadio, la pregunta que me planteé fue: ¿cómo regresar a casa? ¿Cómo recuperar mi pensamiento complejo arborescente, mi creatividad y sobre todo mi voluntad de llegar ahí?

Hice sorprendentes descubrimientos releyendo ciertos libros y novelas de las que yo me decía que trataban bien este tema de las dificultades de comprensión entre neurotípicos y sobreeficientes.

Hace muchísimo tiempo, me había en-can-ta-do Juan Salvador. ¡Qué héroe! Durante esta nueva lectura, me embriagó. A día de hoy soy una vieja gaviota cansada. Su búsqueda se me antojó vana y pretenciosa. Habría podido paladear la vida tomando el Sol con sus congéneres sobre las rocas y mirar tranquilamente el mar. También releí *Le Misan-*

90. BOLTE TAYLOR, Jill, *Voyage au-delà de mon cerveau*, J'ai lu, 2009.

thrope.[91] Antaño, su pureza me había conmovido y Célimène me parecía muy cruel. Esta vez encontré a Alceste inútilmente malvado y ridículo en sus exigencias de sinceridad y a Célimène adorable en su impertinencia y su frivolidad. Tiene tanta razón: ¡los veinte años no son momento de ser mojigata!

Más sorprendente aún, releyendo *Lo que el viento se llevó* posé una mirada nueva en la historia. Estábamos de lleno en el tema: una «buena sociedad» sudista conservadora y dos personajes, Scarlett y Rhett, desfasados, inadaptados y que no juegan el juego de las convenciones sociales. Scarlett es claramente una manipuladora. Rhett Butler seguramente es más bien un sobreeficiente. Su lado provocador frente a esa buena sociedad antaño me parecía una prueba de libertad y de valor. Pero esta vez me he preguntado: ¿para qué puede servir zarandear así a esos pobres sudistas, reclutados en una guerra de Secesión que los desbordaba? Meterles la nariz en la absurdez de su relato colectivo era una provocación cruel y gratuita. Rhett Butler, por otro lado, toma conciencia al final de la novela de que su comportamiento lo ha perjudicado mucho y ha inducido la exclusión de su hija de esa «buena sociedad» de la que tanto se burló y en la que él, no obstante, querría a fin de cuentas verla integrarse.

Y luego releí *Cyrano*...[92] Y esta vez, nada que objetar: ¡Cyrano es perfecto, sublime, grandioso! En ese momento, recuperé mi energía… e, inmediatamente después, mi cerebro arborescente. Así fue como pude terminar este manuscrito.

Os he dado acceso a ese mundo que os era ajeno, tal como yo lo he comprendido. También quería demostraros que en los neurotípicos no hay voluntad deliberada alguna de ofenderos en vuestras convicciones, sino razonamientos, prioridades, valores y creencias radicalmente diferentes de los vuestros. Ahora que comprendéis los resortes y la lógica de todos esos funcionamientos, podéis elegir adaptaros a ellos, secundarlos, aplicarlos… o no, pero con todo conocimiento de causa.

Adaptaos cuando ello os parezca posible, útil, deseable o necesario. Para el resto, sed vosotros mismos. Está lo que nos diferencia, está lo

---

91. MOLIÈRE, *Le Misanthrope,* 1666.
92. ROSTAND, Edmond, *Cyrano de Bergerac,* 1897.

que nos une y luego está lo que hace que uno sea uno mismo: perfecto en tu imperfección, incomparable por ser único en el mundo.

Así que si queda una cosa por reivindicar, es simplemente que seas tú.

Epílogo:

Ya está, ahora que he escrito esta conclusión, ¡uf!, voy a poder reanudar tranquilamente la escritura de los capítulos que he dejado en *stand-by*, reorganizar el conjunto de otro modo, deducir de ello la planificación del libro y quizá incluso añadir dos o tres cosillas en esta conclusión. Y sí, ¡efectivamente me he vuelto a hacer sobreeficiente! ¡Pensar que os estoy pidiendo que leáis este libro en orden!

BIBLIOGRAFÍA

ABBOTT ABBOTT, E.: *Flatland,* Éds. Librio, 2013. (Trad. cast.: *Planilandia,* Ediciones Guadarrama, Madrid, 1975).

ABERKANE, I.: *Libérez votre cerveau,* Éds. Robert Laffont, 2016. (Trad. cast.: *Libera tu cerebro: los secretos de la neurosabiduría para pensar, memorizar y aprender mejor.* Ediciones Planeta, Barcelona, 2017).

ÁLVAREZ, C.: *Les Lois naturelles de l'enfant,* Éds. Les Arènes, 2016. (Trad. cast.: *Las leyes naturales del niño: la revolución de la educación en la escuela y en casa.* Ediciones Aguilar, Madrid, 2017).

—: *Une année pour tout changer,* Éds. Les Arènes, 2019.

AUDIBERT, C. : *L'Incapacité d'être seul,* Éds. Payot, 2008.

BACH RICHARD, *Illusions ou le messie récalcitrant,* J'ai lu, 1986. (Trad. cast.: *Ilusiones,* Ediciones Círculo de Lectores, Barcelona, 1978).

BACH, R.: *Jonathan Livingston le goéland,* Éds. J'ai lu, 2003. (Trad. cast.: *Juan Salvador Gaviota,* Ediciones Pomaire, Montevideo, 1974).

BAILLARGEON, N.: *Petit cours d'autodéfense intellectuelle,* Éds. Lux, 2005. (Trad. cast.: *Curso de autodefensa intelectual,* Ediciones Crítica, Barcelona, 2007).

BEAUVOIS, J.L., JOULE, R.V. : *Petit traité de manipulation à l'usage des honnêtes gens,* PUG, 2014. (Trad. cast.: *Pequeño tratado de manipulación para gente de bien,* Ediciones Pirámide, Madrid, 2017).

BERNE, E. : *Que dites-vous après avoir dit bonjour?,* Éds. Tchou, 1977. (Trad. cast.: ¿Qué dice Ud. después de decir Hola? Ediciones Grijalbo, Barcelona, 1999).

BOLTE TAYLOR, J. : *Voyage au-delà de mon cerveau,* Éds. J'ai lu, 2009.

CATRON, M.: *Comment tomber amoureux d'un parfait inconnu,* Éds. Massot, 2019.

DENEAULT, A.: *La Médiocratie*, Éds. Lux, 2015. (Trad. cast.: *Mediocracia: cuando los mediocres llegan al poder*. Ediciones Turner, Madrid, 2019).

DISPENZA, J.: *Rompre avec soi-même*, Éds. Guy Trédaniel, 2020. (Trad. cast.: *Deja de ser tú: la mente crea la realidad*. Ediciones Urano, Madrid, 2012).

DOSTOÏEVSKI, F.: *Le Songe d'un homme ridicule et autres récits*, Éds. Gallimard, col. Folio classique, 2010. (Trad. cast.: *El sueño de un hombre ridículo*. Ediciones Áltera, Madrid, 2007).

DUPAGNE, D.: *La Revanche du rameur*, Éds. Michel Lafon, 2012.

DUPAGNE, D.: *Le Retour des zappeurs,* autoedición, 2013.

FARRELLY, F.: *La Thérapie provocatrice*, Éds. Le Germe Satas, 2000.

GONTCHAROV, I.: *Oblomov*, Éds. Gallimard, col. Le Livre de poche, 1999. (Trad. cast.: *Oblómov*, Ediciones Alba Editorial, Barcelona, 2016).

GUITRY, S.: *Pensées, maximes et anecdotes*, Éds. Le Cherche Midi, 2013.

HAAG, Ch.: *La Contagion émotionnelle*, Éds. Albin Michel, 2019.

HARARI, Y. N.: *Sapiens. Une brève histoire de l'humanité*, Éds. Albin Michel, 2015. (Trad. cast.: *Sapiens. De animales a dioses: una breve historia de la humanidad*. Ediciones Debate, Madrid, 2015).

HORIOT, H.: *Autisme : j'accuse*, Éds. de l'Iconoclaste, 2018.

LABORDE, G.: *Influencer avec intégrité*, InterÉditions, 2012.

LAMARE, P.: *La Théorie de la désintégration positive de Dabrowski*, Éds. Sens et Lien, 2017.

NEIRYNCK, J.: *La Grande Illusion de la technique*, Éds. Jouvence, 2013.

NOTHOMB, A.: *Stupeur et tremblements,* Éds. Albin Michel, 1999. (Trad. cast.: *Estupor y temblores*, Ediciones Anagrama, Barcelona, 2015).

NUSBAUM, F., REVOL, O., Sappey-Marinier, D.: *Les Philo-cognitifs*, Éds. Odile Jacob, 2019.

PESSOA, F. : *Le Livre de l'intranquillité,* Éds. Christiane Bourgois, 2004. (Trad. cast.: *Libro del desasosiego*, Ediciones Acantilado, Barcelona, 2013).

—: «Lorsque viendra le printemps» («Quando vier a Primavera», 1915), *Le Gardeur de Troupeaux*, Gallimard, 1960. (Trad. cast.: *Los poemas de Alberto Caeiro 1: El guardador de rebaños; El pastor enamorado.* Abada Editores, Madrid, 2011).

Pluchet, B.: *La Physique quantique pour les nuls en 50 notions clés*, Éds. First, 2018.

Rose, S.: *En finir avec le couple*, Éds. La Musardine, 2020.

Rovère, M.: *Que faire des cons? Pour ne pas en rester un soi-même*, Éds. Flammarion, 2019.

Schmitt, E.E.: *La Secte des égoïstes*, Éds. Gallimard, col. Le Livre de poche, 1996. (Trad. cast.: *La secta de los egoístas*, Ediciones Destino, Barcelona, 2008).

Schovanec, J.: *Voyages en Autistan. Chroniques des «Carnets du monde»*, Éds. Pocket, 2017.

Séméria, E.: *Le Harcèlement fusionnel,* Éds. Albin Michel, 2018.

—: *Les Pensées qui font maigrir,* Éds. Albin Michel, 2019.

Steiner, C.: *Le Conte chaud et doux des chaudoudoux*, InterÉditions, 2018.

Tammet, D.: *Embrasser le ciel immense*, Éds. J'ai lu, 2010.

Tinoco, C., Blasco, Ph., Gianola, S: *Les «surdoués» et les autres,* Éds. J.C. Lattès, 2018.

Vella, M.: Éloge de la fausse note, Éds. Le Jour, 2012.

Watzlawick, P.: *La Réalité de la réalité,* Éds. Points, 2014. (Trad. cast.: ¿Es real la realidad?, Ediciones Herder, Barcelona, 2001).

Werber, B.: *Les Thanatonautes,* Albin Michel, 1994. (Trad. cast.: *Los tanatonautas*, Ediciones Thassàlia, Barcelona, 1995).

Winckler, M.: *Les Brutes en blanc*, Éds. Points, 2017.

Yalom, I.: *Thérapie existentielle,* Éds. Galaade, 2008. (Trad. cast.: *Psicoterapia existencial*, Ediciones Herder, Barcelona, 1984.)

Zeland, V.: *Transurfing, Modèle quantique de développement personnel,* Éds. Exergues - Pierre d'Angle, 2010. (Trad. cast.: *Reality transurfing I: El espacio de las variantes*, Ediciones Obelisco, Barcelona, 2013. Reality transurfing II: El susurro de las estrellas de madrugada, Ediciones Obelisco, Barcelona, 2011. Reality transurfing III: Adelante al pasado, Ediciones Obelisco, Barcelona, 2011. Reality transurfing IV: El control de la realidad, Ediciones Obelisco, Barcelona, 2013. Reality transurfing V: Las manzanas caen del cielo, Ediciones Obelisco, Barcelona, 2013).*

De la misma autora:

PETITCOLLIN, CH.: *Scénario de vie gagnant,* Éds. Jouvence, 2003.

—: *Réussir son couple,* Éds. Jouvence, 2005.

—: *Victime, bourreau, sauveur: comment sortir du piège?* Éds. Jouvence, 2006. (Trad. cast.: *Cuaderno de ejercicios para salir del juego de víctima, verdugo y salvador.* Ediciones Terapias Verdes [Urano], Madrid, 2017).

—: *Je pense trop.* Éds. Guy Trédaniel, 2010. (Trad. cast.: *Pienso demasiado.* Ediciones Obelisco, Barcelona, 2019).

ÍNDICE